本书得到国家文物保护专项经费资助

走马楼三国吴简保护修复报告

荆州文物保护中心　　著
长沙简牍博物馆

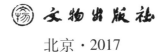
文物出版社
北京·2017

图书在版编目（CIP）数据

走马楼三国吴简保护修复报告／荆州文物保护中心，长沙简牍博物馆著.
—北京：文物出版社，2017.7

ISBN 978 – 7 – 5010 – 5160 – 1

Ⅰ.①走… Ⅱ.①荆… ②长… Ⅲ.①竹简 – 文物保护 – 研究报告 –
长沙 – 三国时代 ②竹简 – 文物修整 – 研究报告 – 长沙 – 三国时代
Ⅳ.①K877.5

中国版本图书馆 CIP 数据核字（2017）第 153767 号

走马楼三国吴简保护修复报告

著　　者：荆州文物保护中心
　　　　　长沙简牍博物馆

责任编辑：蔡　敏　张若衡
封面设计：张　帆
责任印制：陈　杰

出版发行：文物出版社
社　　址：北京市东直门内北小街 2 号楼
邮　　编：100007
网　　址：http：//www.wenwu.com
邮　　箱：web@ wenwu.com
经　　销：新华书店
印　　刷：北京鹏润伟业印刷有限公司
开　　本：700mm×1000mm　1/16
印　　张：14.5
版　　次：2017 年 7 月第 1 版
印　　次：2017 年 7 月第 1 次印刷
书　　号：ISBN 978 – 7 – 5010 – 5160 – 1
定　　价：240.00 元

序

在 5000 多年的文明化进程中，中华民族创造了大量珍贵的文化遗产，种类繁多、数量丰富。这些宝贵遗产是历史与社会发展的见证，是文化认同的标志，是提高创新能力的源泉，也是研究我国古代历史、文化和科技的重要实物资料。

馆藏文物是文化遗产的重要组成部分，是博物馆事业可持续发展的重要资源和物质基础，更是祖先留给我们和子孙后代的宝贵财富。截止到 2011 年，经文物行政部门年检备案的各级、各类博物馆共有 3415 座，藏品达 2800 余万件（套）。由于所处环境和人为因素的长期影响，加之自身材质脆弱、老化等原因，文物腐蚀损失状况十分严峻。据统计，近 50% 的馆藏文物存在不同程度的病害。科学、有效地保护好这些珍贵的文物，充分发挥其在教育、研究、展示、宣传等方面的积极作用，已成为社会各界长期关注的焦点问题。

近年来，随着认识的不断深化和保护理念的不断更新，文物保护的内涵和外延发生了巨大变化，从最初的针对受损文物进行技术处理，使病害消除、劣化现象得以控制，发展到对文物的价值认知、保护措施的实施和经营管理，涵盖了调查、研究、评估、认定、记录、展示和传承，以及对文物本体的保存、维护和修复，成为技术科学和工程技术等一切与文物保护相关的科学和技术相互渗透融合的一门交叉学科。

每一次的文物保护修复都是一个对文物价值再认知的过程，是一个对保存状态再评估的过程，也是文物与保护实践相印证的过程。修复报告作为文物保护修复工作的重要组成部分，是对文物信息和保护修复过程的忠实记录。一本优秀的修复报告，不仅可以为后人再次保护修复文物提供科学可靠的基础资料，而且在修复过程中对文物的再认知，以及遇到的一些新问题，更促使研究以新的视角和思路重新审视已有的材料和结论，为开展科学研究创造有利的条件。修复报告不应是资料的简单堆砌，而是修复人员对各种现象进行深入分析和消化理解后提出的见解和论点，直观反映修复人员的修复能力和学术水平。

"馆藏文物保护修复报告"系列丛书的出版发行，是进一步加强馆藏文物保护工作的又一重要举措，通过对文物保护修复过程的忠实记录，对保护材料、技术及实施工艺的详细描述，对保护修复效果的评价等，将为完整、准确地揭示文物的价值和内涵，宣传、推广保护修复技术和成功经验，切实提高保护修复水平，促进馆藏文物保护科学化和规范化发挥积极作用。

2012 年 2 月 6 日

目　录

第一章　走马楼三国吴简基本信息

1996年，长沙市文物工作者为配合城市基本建设，对五一广场东南侧走马楼街旁湖南平和堂商厦建设工地内古代文化遗存进行了抢救性考古发掘，共清理战国至明清时古井57口，出土了一大批珍贵文物。特别令人震惊的是在编号为J22的古井中，出土三国孙吴纪年简牍10万余枚（含无字简牍），有字三国吴简合计76552枚，其中大木简2480枚，小木简、木牍、签牌441枚，竹简73631枚，超过此前全国各地已出土简牍数量的总和，其内容涉及吴国的政治、经济、军事、文化、赋税、户籍、司法、职官诸方面。这一考古发现被誉为20世纪中我国继甲骨卜辞、敦煌文书之后在古代出土文献资料方面又一次重大发现，被评为1996年中国十大考古新发现之一和20世纪中国百项考古大发现之一，引起了海内外的广泛关注。兹将三国吴简发掘、清理、出土保存现状、学术价值等相关的基本情况做简要叙述。

第一节　三国吴简发现、发掘的基本过程

长沙城市中心区域地下考古发掘工作肇始于1987年。1987年6至8月长沙市文物工作队为配合长沙市中心五一广场地下商厦的基建工程，发掘了战国至明清的历代古井20余口，并发现了大面积的明代藩王府宫殿夯土台基。同年12月又对商场的四个通道进行了发掘，在东南向通道处，亦发现同样的夯土台基，在台基的上层发掘出少量的琉璃瓦等建筑材料。1988年，配合中山商业大厦基建工程（位于五一广场西南侧）发掘从战国至明清历代古井17口和一处战国时代的作坊遗址。1994年配合锦绣大

厦基建工程（位于五一广场西南缘）发掘历代古井 7 口。1995 年配合省供销社大厦基建工程（位于五一广场东南侧）发掘历代古井 11 口。截至 1996 年，在五一广场周围地段共发掘历代古井、窖 50 余口。古井窖的数量之多，地域之集中，内涵之丰富，特别是对长沙古城历史以及湖南战国秦汉时期的考古学分期研究，有着一般资料所不能替代的作用，早已引起了考古工作者的密切关注。因此，当市中心走马楼建设区域动工之际，考古工作者不畏艰难，顶着压力，坚持原则，盯住不放，便是情理之中的事了。

三国吴简发现于 1996 年 10 月 17 日，当日上午由长沙市文物工作队派出的两位专业技术工人到湖南平和堂商厦基建工地进行文物勘查，在一处水坑旁的黑色淤泥中发现了带有文字的简牍，两人立即将这一重要情况向上级领导报告。市文物队领导接报后迅速组织力量进行抢救保护，并将这一重大发现及时报告省、市、国家文物管理部门。

发掘之初，经考古工作人员认真仔细地清理，发现 J22 口部已被施工机械破坏得十分严重，北半部原堆放的简牍几被铲掘殆尽，破坏深度自现存井口起深达 223～270 厘米，破坏面积约占整个 J22 的二分之一。现存井口距地表 790 厘米。地表以下 400～500 厘米为近现代建筑垃圾，土色呈黑灰色，夹杂大量的红砖块、小青瓦片、青花瓷片、炉渣等。清理工作自 10 月 17 日至 11 月 15 日止，共计 30 天。其中 10 月 17 日至 28 日清理 J22 井口被破坏的部分，将其全部袋装运回用水筛洗，共计 80 多袋。10 月 23 日按 1∶200 的大比例重新绘制走马楼建设区域内的古井平面分布图，原测量比例为 1∶500，调整、确定全部井、窖的编号。10 月 27 日至 31 日进行第 22 号井中简牍分区清理，在井口设置十字基线（北偏西 14 度），对清理后简牍的平面、剖面进行绘图、照相、录像。10 月 28 日南部井壁发生两次小的塌方，面积为 120×60 和 80×50 平方厘米，考古领队立即组织人员清理，并派出安全观察员。10 月 29 日拆除高悬在发掘现场上方，距底 700～800 厘米以上的旧房砖墙，以保证发掘安全。10 月 30 日井南壁开裂，清理即将坍塌的井壁长 320、宽 120、厚 110 厘米。11 月 1 日，省考古专家组会议听取工作汇报。11 月 2 至 15 日，清理简牍层以下的井内堆积，并绘图、照相、录像。其中 11 月 5 日为保证安全，在井南部扩方 330×120 平方厘米，深 110 厘米。至 11 月 15 日第 22 号井的发掘工作全部结束。

J22 为一不规则的圆形竖井，构筑在生土层中，开口层位已不明。该井上口略小，中部稍大，至底部收束，底部缓平。现存井口直径南北长 320 厘米，东西长 310 厘米，现存深度 560 厘米。井壁光滑呈灰褐色，经过人工修整。由于经泥水长期浸泡，井壁不甚结实，发掘过程中时有崩塌。清理后的井口除上部遭破坏外，井内原北半部的堆积亦被施工机械挖掘破坏，深度达 223～270 厘米，位于北半部的简牍层随之遭受同样厄运。

现存井口下深 502 厘米处发现一方形木板井。井口略近正方形。每面各一至三块木板横叠垒砌，结构成一个方壁。井壁外充填黄褐色泥土，土质纯净，系用原生土回填，厚 60 厘米，略高出木井口。井内四角各竖一方形木桩，下端削尖插入泥土。各角的木桩长短不一，宽窄不同，用榫卯与木板固定。西北角与西南角两木桩呈扁平状，上端各留缺口，下端削尖插入泥土，木桩中部各有一长方形榫眼，用一根扁木板连接。西北角木桩旁又并列一根木桩，起加固作用。方形木井壁东壁内长 120、西壁内长 132、北壁内长 104、南壁内长 104 厘米，北壁深 58 厘米，其余三壁深 56 厘米。

第二节　三国吴简的出土情况

J22 堆积分为四层：第一层为黄褐色覆土，第二层为简牍，第三层为灰褐色土，第四层为方形木壁竖井及四周黄褐色填土。现将各层堆积情况分述如下：

第一层：残存井口覆盖一层 130～300 厘米厚的黄褐色灰土，叠压在简牍层之上。覆盖的泥土质地纯净无杂物，经仔细观察推测恐系井壁年久自然塌垮覆盖所致。此外，亦不排除人为掩埋的因素。

第二层：为简牍层。呈坡状堆积，厚薄不匀，最薄处为 10 厘米，最厚处为 56 厘米。坡状堆积顶端距现存井口 130 厘米，坡脚最低处距现存井口

224 厘米。从保存下来的南半部简牍层的平面分布情况看，有一种长 50 厘米左右的大木简主要放置在井的南部和东部，一小部分叠压在竹简之上，置于南部的木简呈东西向排列，唯有一束呈南北向放置；置于东部的木简基本上呈南北向排列，少部分散落在Ⅰ区简牍层中。共清理大木简 228 枚。北部木简放置的情况因遭受施工的破坏而不详，从四周扰土中清理和追回的大木简，计有 2000 余枚（含残断简在内），据此推测当时大木简可能主要是放置在北边上层。

现存竹简放置在井中部偏南的位置，竹简里夹杂着部分木牍。简牍的摆放有一定的顺序，层层相叠，似有意为之。简牍之上覆盖一层竹篾席，已残朽。从剖面上看，简牍摆放时对其摆放的部位似未加修整，而是依井内原堆积的自然形状摆放，再加上井壁塌压的结果，故呈现出中间厚高两边走薄的形态。为了便于清理和发掘后的整理工作，考古发掘人员将简牍分成四个区。这个区不是按照十字基线平均划分的，而是依据简牍遭破坏后分布的现状而定。

Ⅰ区位于井的东北部，这已不是原来堆积的层位，而是被破坏后，上层的简牍跌落下来散落残存的部分。散落的面积为 120×90 平方厘米，简牍上层叠压少量大木简，揭取时将Ⅰ区简牍析为 a、b、c、d、e 五小坨，其相互叠压的关系为：a→b→c、b→d、d→e。a 坨较为整齐，叠压在 b、c 坨之上。b 坨亦较整齐，叠压在 d 坨之上。c 坨叠压在 a 坨之下，自身可细分为三小坨，其叠压关系为 c①→c②→c③。d 坨叠压在 b 坨之下，较为散乱，数量最多，并与Ⅱ区 a 坨相连接，内容上有可能彼此关联。e 坨叠压在 d 坨之下，在诸坨中最为散乱。

Ⅱ区位于Ⅰ区南侧的位置，上部较凌乱，下部较整齐，出土数量最多。根据其叠压关系和分布情况将其分为 a、b、c 三坨揭取。a 坨保存较为完整，长 70、宽 25～30、厚 56 厘米，东端与Ⅰ区 d 坨和Ⅲ区相连，西端与 b 坨相连。b 坨保存亦完整，长约 65、宽 25～30、厚 20～50 厘米，其东端与 a 坨相连，西端与 c 坨相连。c 坨长约 210、宽 23～30、厚 10～30 厘米，因受井壁塌垮泥土的挤压，向下倾斜，交叉错乱比较严重，因其较长，揭取时又分为 c 坨（东）、c 坨（西）两部分。

Ⅲ区位于井的东部，表层为大木简，下层为竹简，简层长约70、宽60、厚14～30厘米，其三分之一受上部井壁坍塌泥土的挤压呈倾斜状，原位发生移动，致使简册错乱。

Ⅳ区主要是位于南部表层的大木简。其一小部分叠压在Ⅱ区竹简之上。靠近井南壁的一部分木简因受泥土挤压，错位下沉76厘米。

第三层：灰褐色土，位于简牍之下，厚205～350厘米，上部呈坡状。夹杂竹木屑、草芥、树叶等物，出土大量残碎的建筑砖瓦、麻石块、陶瓷器及残片、铜碗、铁钩、铜钱、网坠及零星简牍等。

在发掘过程中，由于发掘面狭窄，又下临高危的基坑悬壁，为安全起见，考古发掘人员采用按水平层位下挖的方式。在井口之下130厘米处设置一个南北向的十字水平基线，按基线下深0～180厘米为三①层，180～220厘米为三②层，220～240厘米为三③层，240～260厘米为三④层，260～280厘米为三⑤层，280～300厘米为三⑥层，300～350厘米为三⑦层，350～370厘米为三层⑧这样一个顺序进行发掘。在整理过程中，根据器形、器类的拼对修复，发现某件器物的若干残片，可以在同一层位和相邻的层位中找到。经反复验证无误后，则将相关层位归纳合并。例如：某件麻布纹硬陶罐的残片在三②层、三③层均可找到拼对复原。某件泥质灰陶盆残片在三④层、三⑤层找到，可拼对复原。经过这样一番拼对、修复验证的整合过程，把整个第三层的八个小层合并为三大层，即第三①层0～240厘米，合并原三①、②、③层；第三②层240～300厘米，合并原三④、⑤、⑥层；第三③层300～370厘米，合并原三⑦、⑧层。

另外，对施工机械将井内堆积扰动、破坏、搬运到井口附近的部分，考古发掘人员也同样做了认真的清理，并把清理的遗物编入采集部分。走马楼J22不仅第二层出土了数量众多的简牍，第三层堆积内亦出土少量零星的简牍。简牍的年号目前发现最早为东汉献帝建安二十五年（220年），最晚为吴孙权嘉禾六年（237年）。其间汉献帝建安的年号顺延至二十七年，直至孙权称帝的黄武元年（222年），既未见东汉延康的年号，又未见曹魏黄初的年号。

第三节　三国吴简特殊的学术史料价值

我国现存的三国时代的文献史料由于历史上的诸多原因，流传于今世的极少。西晋陈寿所撰《三国志》仅具记传而无志、表，其后虽有南朝（宋）裴松之为之作注，清人洪亮吉、杨晨、谢钟英、洪饴孙、卢弼等人为之辑补亦难完备。20 世纪上半叶，甘肃敦煌及新疆吐鲁番曾出土六种《三国志》写本残卷，虽然其中五种属于吴书，但其史料价值并不大。新中国成立之后，历年来全国各地出土的三国简牍，除长沙外，迄今为止仅在安徽、江苏、江西、湖北及湖南的郴州等地零星出土了数百枚，因数量不多，内容简单，史学价值不显重要。1996 年长沙走马楼出土的近十万枚三国吴简不仅数量巨大，而且具有多方面的学术研究价值，兹举其要者简述一、二。

长沙三国吴简的发现，不仅填补了我国简牍出土的一个空白，而且还以其丰富的内容使我们深入了解三国孙吴时期的政治、经济、军事、文化、赋税、户籍、司法、职官等许多方面。为深入研究孙吴时期的经济关系、阶级关系、典章制度及社会生活等提供了新的重要的历史信息，将大大推动对三国孙吴社会、政治、历史的研究，对推进中国历史学与中国学术史的进步必将产生巨大影响。对促进世界汉学研究与三国史研究持续升温，确定我国作为国际一流的简帛研究中心地位具有重要的意义。同时，树立我国政府重视文化遗产保护的良好国际形象也具有特殊的意义。

长沙三国吴简中数量最多的为经济类简牍。内容涉及劳役调派、租税征稽、雇佣酬值、仓廪管理、钱物账簿、审核出入、户籍科检等诸多方面，这是目前所见我国古代社会经济类文书中保存数量最大，内容最为丰富，记录最为真实的一批地下出土文献史料。它对于研究汉晋间地方经济史、财政史、土地制度史、行政制度史及民族史具有传世文献所无法替代的重要价值。

长沙三国吴简的内容还关涉到我国史学研究中的一些重大历史命题，如"户籍制度"、"乡里制度"、"赋役征派制度"等等。这些命题在学术界长期以来争论不已，或言之隔膜有凿空之感，或各执一词、莫衷一是，成为众多学者的热门话题。究其缘故，除其观点、方法不同之外，史料的缺乏是其重要的因素。我们相信随着吴简材料的整体公布，会引起学术界广泛而持久的讨论，必将推动这些重大历史命题的深入研究，并取得突破性的重大成果。

自成体系的吴简史料已成为史学研究者们开学术新风的拓荒之地，更有众多的学者把吴简视为一种独立的史料，力图脱开传世文献的束缚，采用新视角、新方法进行观察研究，这必将拓宽我国史学研究的门径与视野，为开创新的学术领域与形成新学术流派做出积极贡献。

三国吴简的文字对于研究我国汉字演变历史，无疑是难能可贵的资料，在中国书法史研究上也占有重要的地位。20 世纪以来，经发现和考古出土的书迹，有西北楼兰遗址的魏晋简牍，山东曹植墓中的砖刻墓铭，江苏南京、安徽当涂出土的东吴买地券，湖北鄂城史悼墓，江西南昌高荣墓，安徽马鞍山朱然墓中出土的木刺、遣册等。这些书迹的数量都非常之少，唯有走马楼三国吴简数量巨大，体态丰富多样，前所未见。

纵观吴简书体，篆、隶、楷、行、草各体皆备，显示了三国时期我国书法史上新书体的楷、今草与旧书体的篆书交替重叠的特点。书手不限于一体，而是兼通各体，运笔时往往掺杂其他笔法。在文字的结构上多使用连笔，其稳定性较高，这是隶书向楷书迈进的指征。吴简书法与新疆楼兰发现的魏晋墨迹有着惊人的相似之处，反映出那个时代的共性。并且简牍的书写皆出自下层掾吏之手，虽与钟繇等名家的书法有着天壤之别，却代表了这一时期一般通行的书写风格和水平。比起传世的三国碑刻、后世临摹的书法，更为真实地呈现了三国时代的书法状态。

总之，长沙三国吴简大量地记录了三国时期长沙地区县、乡、里基层社会权力部门的日常活动，反映了普通百姓的日常生活，它与正史主要记录的事实形成了鲜明的对照，是研究三国孙吴基层社会的第一手资料。它为我们打开了一扇厚重的、早已消失的却又是活生生的中古时期历史城门，展示了丰富多彩的鲜为人知的历史画卷。它使我们看到，当时人们记录下来的各种信息，比后世的人们从传世文献中所了解到的要复杂得多，生动得多，也真实得多。

一次偶然机遇，让已成为零散碎片的历史，因吴简的出现，逐渐变得有序和清晰起来，这就是长沙三国吴简自身所具有的学术价值与史学魅力之所在。

第四节　三国吴简的材质检测

通过取样分析，检测出走马楼出土的饱水竹简材质类别为刚竹和苦竹。饱水木简基本为杉木质地。检测报告参见附件一。

第二章　走马楼三国吴简保存状况的评估

第一节　三国吴简的病害分析

三国吴简出土后的病害情况表现为：

1）饱水

任选走马楼三国吴简饱水无字竹简三支做自然干燥实验（温度20℃，相对湿度75%，时间：干燥至重量稳定）：

表2-1　走马楼三国吴简饱水竹简自然干燥数据

编号	脱水前			自然干燥脱水后		
	重量（g）	长（cm）	宽（cm）	重量（g）	长（cm）	宽（cm）
1	1.3	6.9	1.144	0.2	5.1	0.5520
2	1.1	5.6	1.335	0.2	4.2	0.5106
3	0.9	10.1	0.643	0.3	8.7	0.4800

从表2-1中可以看出，三枚简平均相对含水率达471%。说明经过1700余年的地下浸泡，三国吴简竹材已饱含水分。

2）变色

三国吴简出土遇空气后即被氧化为深褐色，简面颜色过深，掩盖了简面的字迹，对文字释读造成了严重影响。吴简出土后，经初步分堆而存放于塑料盆中，从图2-1中可以看出简牍本身颜色已变为黑褐色。

3）糟朽、残缺、裂隙及变形

一方面，走马楼三国吴简埋藏于古井中，已然糟朽、变形；另一方面，由于基建施工因素而散乱残断的竹简将近72000枚（含无字简），这

图 2 - 1　三国吴简出土后颜色发黑

些简大多残断，连缀工作难度极大，并产生了新的裂隙。简牍保存情况，除极少部分杉木类简牍保存尚可外，大部分腐蚀严重，另外还有相当数量的简牍遭受施工机械的再度破坏。竹简质地较差，出土时已相当腐朽。中国制浆造纸工业研究所显微分析实验室对竹简试块做了超薄切片检测，其检测结果为：a. 竹质严重腐朽，失去强度；b. 纤维与纤维基本分离，纤维间的黏合物质除木质素外，已基本腐朽，几乎找不到微管束组织；c. 薄壁及厚壁的纤维细胞均腐朽严重，细胞壁上破损及孔洞极多，表明细胞壁上的纤维素及丰纤维素等糖类物质已腐朽。从图 2 - 2 中可以看出三国吴简在塑料盆内的整体糟朽情况。

4）微生物损害

三国吴简出土后在饱水保存期间，遭受不明微生物侵害，微生物以其为营养源，对吴简的存在造成了严重威胁，微生物病害情况和微生物鉴定与防治研究见本章第二节。此后经过微生物防治处理，化解了险情，具体的微生物防治过程见第三章的第四节。

图 2 - 2 三国吴简的糟朽状况

5）盐类病害

主要是铁离子等金属离子对简面颜色加深具有催化作用。古人在弃埋简牍时并未考虑到采取防护措施，由于南方气候潮湿，地下水位高，加上泥土挤压和井底堆积的污染，简牍出土时表面积满污垢，呈灰褐色和黄褐色。井内填塞的泥土，其成分经 X 射线能谱仪分析，确认为铁的化合物，所含元素为 Fe（铁）、Si（硅）、S（硫）、K（钾）、Ca（钙）、Ti（钛）等。其中铁含量偏高，促进了吴简的变黑。武汉大学测试中心的报告中，走马楼饱水吴简样品编号为 A1、B1，分析结果可见铁离子含量过高。检测结果参见附件三。

6）字迹模糊及残缺

吴简上的墨书文字大多有程度不一的损伤，由于很多简已残断，所以还有大量的吴简字迹残缺了。图 2 - 3 为编号 22529～22544 竹简脱色后的照片，从照片可看出墨迹模糊，简体残缺的情况。大多数三国吴简都存在这种情况。

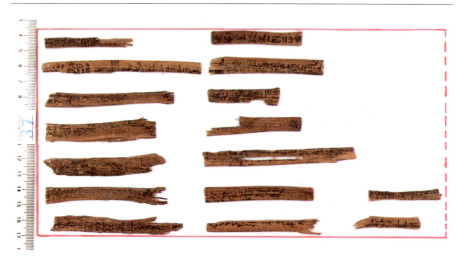

图 2 - 3　脱色后的三国吴简 22529～22544

1. 主要化学成分测试结果

新针叶材纤维素含量为 42% 左右，半纤维素含量为 27% 左右，木质素含量为 28% 左右。新阔叶材纤维素含量为 45% 左右，半纤维素含量为 30% 左右，木质素含量为 20% 左右。竹材与针叶材相类似。

采用传统的化学分析法测定，走马楼三国吴简纤维素含量为 14.7%，木质素含量为 7.86% 。（见附件一）

从检测结果来看，经过 1700 余年的地下埋藏，三国吴简中主要竹材成分已降解得非常严重。

2. 微观形貌分析

图 2 - 4：1、2 分别为天然竹与竹简的纵截面 SEM 图。经扫描电子显微镜观察，天然竹纤维纵向表面光滑、粗细均匀、结构紧密、排列平行，且纤维表面有多条微细凹槽和裂缝存在。由于受地下环境作用和微生物侵蚀，虽然出土时竹简外表颜色光鲜，但其表面粗糙、内部结构疏松、无纤维束状结构，已经发生明显的降解，如图 2 - 4：2。

图 2 - 4：3、4 分别为天然竹与竹简的横截面 SEM 图。图 2 - 4：3 中，

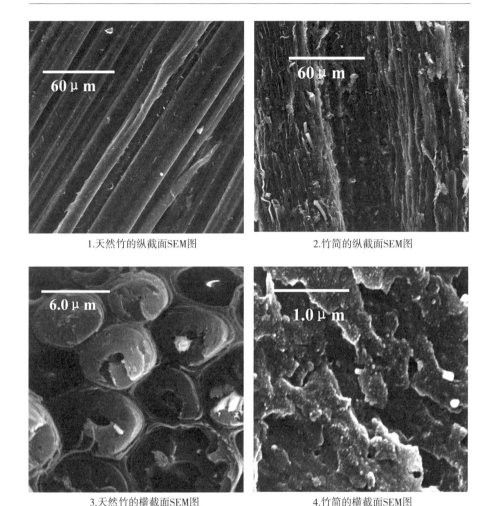

1.天然竹的纵截面SEM图　　　　　　2.竹简的纵截面SEM图

3.天然竹的横截面SEM图　　　　　　4.竹简的横截面SEM图

图 2－4　天然竹和竹简的微观形貌

竹纤维内有空腔，横向为不规则的椭圆形，且截面上布满了大大小小的空隙。天然纤维素是由 D－吡喃葡萄酐通过 β－1，4 糖苷键联结而成的线形巨分子。在微生物的作用下，结晶纤维素首先通过解链、解聚生成无定型纤维素和可溶性低聚糖，然后在内、外切酶的共同作用下进一步水解成为纤维二糖和纤维三糖，最后被 β－葡萄糖酐酶降解得到葡萄糖。纤维素被微生物降解后，造成氢键解体并导致糖苷键断裂，强度大为下降，结晶区逐渐转变为非结晶区域。与天然竹相比，竹简的横截断面表面粗糙、空腔分布不均，呈现不规则形状，且附着了大量白色颗粒即纤维素的降解产物——葡萄糖元。与天然竹相比，三国吴简经过1700多年降解已变得极其糟朽。

第二节　三国吴简有害微生物的鉴定与防治研究

饱水竹简在脱水保护之前，为了防止其干裂，通常采用的做法是将其保存在蒸馏水中，走马楼三国吴简在脱水保护之前也是采用这一做法。但是，竹简是有机质文物，长期在水中浸泡很容易遭受有害微生物的侵蚀，走马楼三国吴简在保存期间，部分竹简曾出现过较严重的微生物侵蚀。

为了减少微生物对文物的侵害，需要对竹简上有害微生物进行种属鉴定，并根据有害微生物的种属进行相应的灭菌工作，然后再浸入合适的灭菌剂中，使文物在脱水前能完好保存。这就需要针对浸泡在水中的竹简特点，筛选适合此类文物的灭菌剂和防腐剂。筛选出的防腐剂和灭菌剂除了要具有良好的灭菌、防腐的效果外，同时还要求对竹简不产生腐蚀，并且不影响后续的脱水保护工作。

微生物对走马楼吴简的主要侵害现象有：

1）白斑侵害

主要的侵害特征：这种菌首先是在浸泡于水中的竹简上形成很小的白点，少则2~3日，多则一周内形成直径约为1厘米的白斑，白斑中的竹简竹体，由棕黄色变成了柔软的半透明膜状物质，一旦在水中移动竹简，或者流动的水都会造成半透明物质的破裂并且散落在水中，从而导致竹简的破坏。这种侵害形式对竹简的危害最大，侵害最为严重。图2-5是走马楼饱水竹简被有害微生物侵蚀的情况，其上的白点为侵蚀的斑点。

2）黏液侵害

这种侵害形式，是在浸泡于水中的竹简和木漆器表面形成一层黏滑的无色黏液层，虽未见对竹简产生肉眼可见的破坏，但清洗困难，由于竹简已经十分糟朽，所以清洗时很难保证不对其造成破坏，另外当黏液积累到

图 2 - 5　简牍微生物侵蚀现象

一定程度后，一部分会自然浮上水面，成为其他菌类（如真菌）的载体，并为它们提供碳源。

3）软腐侵害

这种侵害形式，主要使竹简变软，使简体变得像海绵一样松软，并且容易破碎。

1. 有害微生物种类分析

1）样品提取

从长沙简牍博物馆取四类样品：泥土样品、饱水无字简样品、浸泡简的蒸馏水样品和空气样品。空气中微生物的采集直接使用平板法。这些样品将用于微生物的鉴定分析。

2）分类鉴定方法

①经典方法，主要是微生物的培养特征，少数生理生化特性的测定。

②现代方法通过微生物自动鉴定系统。

a. Biolog 自动鉴定系统

Biolog 自动鉴定系统是国际上公认的微生物分类学研究方法之一。该系统可进行 95 种物质的生理生化测定。

b. 脂肪酸自动鉴定系统

细胞脂肪酸组分是微生物分离鉴定的一项重要指标。由于细胞脂肪酸种类多，而且稳定，它是微生物分类与鉴定中重要的指征之一。

3）检测结果

从长沙博物馆竹简保存室饱水竹简中获得了不同的细菌、放线菌、酵母菌和霉菌共122株，根据相应特性归类分为25个种，从中挑选有代表性的4株进行更多项目的鉴定，定种4个，它们分别是：蜡状芽孢杆菌（*Bacillus Cereus*）、人苍白杆菌（*Ochrobactrum Anthropi*）、嗜麦芽寡单胞菌（*Stenotrophomonas Maltophilia*）和木糖氧化无色杆菌（*Achromobacter Xylosoxidans*）。

回接实验的结果表明少数菌株对竹子锯末有不同程度的侵蚀作用，其中蜡状芽孢杆菌（*Bacillus Cereus*）菌株作用较为明显。它能吸着在实验容器中的竹子锯末上生长繁殖，形成肉眼可见的菌苔；竹子锯末的颜色便逐渐转变为了褐色，而且与对照样品相比较，竹子锯末有明显的腐蚀现象。

实验表明对吴简产生侵蚀作用的主要是细菌，特别是蜡状芽孢杆菌具有明显的侵蚀作用。这种细菌可在营养极为贫乏的环境中以竹简作为基质，在饱水中缓慢生长。在长期的生长代谢过程中产生具有分解竹简的原酶，随着生长时间的延长逐渐积累，但不表现出活性；在某种（或某些）因素的激活下，使具有降解竹简的原酶被激活，从而对苦竹进行降解，逐步形成可见的蚀斑。这种降解作用在某种（些）因素的刺激下会使分解作用急速增加，进而形成可见的噬斑，甚至可以观察到苦竹降解范围快速扩展的过程。

2. 主要几种防腐灭菌剂的基本特性

1）醇类（Alcohols）防腐杀菌剂

醇类是较为常用的广谱消毒防腐剂，但对病毒和芽孢的作用不强。醇类杀菌剂最常用的是乙醇，此外还有甲醇、丙醇、丁醇、丙邻二醇等，乙醇单用时常用浓度为50%~90%，其中，50%~70%的乙醇水溶液杀菌力最强。乙醇具有杀菌作用是因为它能使菌体蛋白质脱水变性，为中效消毒剂。

2）酚类（Phenols）防腐杀菌剂

酚类包括酚、甲酚皂液、氯二甲苯酚等，对细菌繁殖体有杀菌作用，也包括一些真菌和病毒，多为中效消毒液。酚的杀菌作用不仅是因为它是弱酸，而且与它的表面活性也很有关系。苯酚是衡量其他杀菌剂杀菌能力的标准，任何一种杀菌剂的杀菌能力与苯酚杀菌能力之比称为苯酚系数，该值越大，杀菌力越强。

3）醛类（Aldehydes）防腐杀菌剂

醛类包括甲醛、戊二醛等，是高效消毒剂。甲醛是一种非常有效的广谱杀菌剂，其杀菌效能在于具有还原作用，能与蛋白质的氨基酸结合使蛋白质变性。5%的甲醛溶液能杀死芽孢。戊二醛是国际卫生组织推荐的高效、低毒杀菌剂，对组织的刺激比甲醛低，但杀菌能力比甲醛强2～10倍，酸性时杀菌能力较差，弱碱性时具有强烈的杀菌作用。

醛类的杀菌原理可能是醛基与细胞壁的硫基、羟基、氨基、羧基的作用所致。

4）酸类（Acids）和脂类（Esters）防腐杀菌剂

常用的试剂有乳酸、醋酸、水杨酸、苯甲酸、山梨酸、二氧化硫、对羟基苯甲酸酯（尼泊金乙酯）等。这类化合物虽具有杀菌和杀真菌作用，但作用不强，属低效杀菌剂。

5）过氧化物（Peroxides）防腐杀菌剂

常用的试剂有三种，过氧乙酸（Peracetic acid）、过氧化氢（Hydrogen peroxide）和臭氧（Ozone），均为高效杀菌剂。

6）季铵盐类化合物（Quaternary Ammonium Compounds）防腐灭菌剂

这类化合物是阳离子表面活性剂，主要有新洁尔灭、杜米芬等。这类化合物对细菌繁殖体有广谱杀灭作用，且作用快而强，毒性亦小，但属低效杀菌剂，不能杀灭芽孢和亲脂性病毒。

7）氨基酸类防腐杀菌剂

氨基酸及其衍生物均有不同程度的抗菌活性。这类抗菌剂由于具有抗菌谱广、原料来源丰富、价格低廉、毒性低的特点而被广泛应用于食品工业、饮料工业、化妆品工业以及家庭卫生等方面。由于其不残留，不污染水源，不产生药害，所以应用越来越广泛。

8）含氯化合物防腐杀菌剂（Chlorine Compounds）

这类消毒剂种类很多，主要有漂白粉、次氯酸钙、二氧化氯、液氯等，是中效消毒剂。

9）烷基化气体灭菌剂（Alkylating Disinfectants Gases）

主要的烷基化气体灭菌剂有环氧乙烷（Epoxyethane）、溴甲烷（Methyl Bromide）等，都是高效灭菌剂。但气态灭菌剂无法进入到饱水器物内部，而饱水的器物又不能长时间离水。

10）杂环化合物防腐灭菌剂

杂环化合物在自然界中数量极其庞大，加上合成的杂环化合物，从理论上讲，几乎是无穷无尽的。人们在研究天然有机化合物时，不断发现许多特殊结构的杂环化合物，具有优良的防腐杀菌作用，人们受此启发又合成出了许多杂环化合物类型的防腐、灭菌剂。

杂环类防腐灭菌剂主要包括咪唑、三唑、吩嗪等类型抗菌剂。

11）金属制剂（Metallic Preparations）

金属灭菌剂主要有汞盐、铜盐等。

3. 防腐灭菌剂效果试验

1）防腐灭菌剂在固体培养基上的抑菌效果

以长沙走马楼竹简的带菌水为原液，稀释 1000 倍，取稀释液 1 毫升置于培养皿中，加入 40℃ 的培养基迅速摇动均匀并冷至室温胶凝，再将沾有防腐灭菌剂的滤纸片（直径 2cm）阴至半干，放在培养基表面并与培养基充分接触，倒置放入恒温箱中保持温度 30℃ 进行培养。每种防腐、灭菌剂至少有三个滤纸片，分别在 24 小时、48 小时和 96 小时后观察抑菌效果，测量抑菌环的大小，抑菌环的大小为三个（或三个以上）沾有防腐、灭菌剂的滤纸片边缘到距其最近生长霉菌的距离的平均值，单位毫米。

试验结果见表 2-2 和表 2-3。

表 2 - 2　防腐剂防腐效果

（在察氏培养基下混入 1ml 带菌液，培养温度 30℃）

防腐剂名称	防腐剂浓度％水溶液	抑菌环 mm		
		24h	48h	96h
菌毒清	2	5	+	+
新洁尔灭	2	8	0	+
TBZ	饱和	0	+	+
TBZ	5%二甲基亚砜	0	0	0
甲霜灵	饱和	0	+	+
霉敌	0.02	4	+	+
百菌清	0.125	6	1	+
多菌灵	0.125	0	+	+
百菌通	饱和	4	+	+
山梨酸钾	10	0	+	+
丙酸钙	0.125	0	+	+
苯甲酸钠	0.1	0	+	+
硫酸铜	0.1	6	+	+
异噻唑啉酮	0.5	17	12.5	2

表 2 - 3　防腐灭菌剂抑菌效果

（在牛肉胨基下混入 1ml 带菌液，培养温度 30℃）

防腐剂名称	防腐剂浓度％水溶液	抑菌环 mm		
		24h	48h	96h
菌毒清	2	5	5	+
新洁尔灭	2	6	6	0
TBZ	饱和	0	0	0
TBZ	5%二甲基亚砜	0	0	0
甲霜灵	饱和	0	0	+

防腐剂名称	防腐剂浓度%水溶液	抑菌环 mm		
		24h	48h	96h
霉敌	0.02	12	8	+
百菌清	0.125	0	0	0
多菌灵	0.125	0	0	+
百菌通	饱和	0	+	+
山梨酸钾	10	0	+	+
丙酸钙	0.125	0	+	+
苯甲酸钠	0.1	0	0	+
硫酸铜	0.1	0	0	+
异噻唑啉酮	0.5	16	13	9

＊滤纸片直径2cm，抑菌环宽度为平均值，＋表示滤纸片上有霉菌。

从结果可以看出：菌毒清在 24 小时中，表现出了良好的防腐和抑菌效果，都有明显的抑菌环产生。48 小时后，牛肉胨培养基上的滤纸块还保持着抑菌环，96 小时后，滤纸片上出现菌落，而察氏培养基上 48 小时后即出现菌落。由此说明菌毒清有一定防腐、抑菌效果，但抑制细菌效果略强于防腐的效果。

新洁尔灭：在 24 小时中表现出良好的防腐抑菌效果，都有明显的抑菌环产生。48 小时后，牛肉胨培养基上的滤纸块还保持着抑菌环，96 小时后，抑菌环消失，但滤纸上没有菌落产生。察氏培养基上 48 小时后抑菌环消失，96 小时后滤纸上出现菌落。同样说明新洁尔灭具有一定防腐、抑菌效果，但抑菌效果略强于防腐的效果。

新洁尔灭是季铵盐类消毒剂，其杀菌作用机制是：改变细胞的渗透性，使菌体破裂；具有良好的表面活性作用，可高度聚集于菌体表面，影响细菌的新陈代谢；使蛋白质变性；灭活菌体内的脱氢酶、氧化酶及分解葡萄糖、琥珀酸盐、丙酮酸盐的酶系统。

季铵盐类灭菌剂对酶系统的抑制，有的是可恢复性的，由此可解释其抑菌作用。但这种酶抑制的可恢复性，随时间的延长而逐渐减弱，最终至不可恢复。

TBZ：由于 TBZ 在水中的溶解性很小，所以采用了 5% 二甲基亚砜溶液来浸润滤纸进行对比，无论哪一种都未产生明显的抑菌环，但 96 小时后，都没有细菌菌落在滤纸片上出现，说明 TBZ 有一定的抑菌效果。

甲霜灵：甲霜灵与 TBZ 水溶液具有类似的情况。

霉敌：24 小时中表现出良好的防腐、抑菌效果，有明显的抑菌环，96 小时后，滤纸表面出现菌落。

百菌清：从结果看，百菌清的防腐、灭菌效果都不错，在牛肉胨培养基上虽未产生明显的抑菌环，但在 96 小时中，也没有细菌菌落出现在滤纸上。

多菌灵：没有明显的防腐、抑菌效果。

百菌通：24 小时内有一定的防腐作用，但 48 小时后，防腐、抑菌效果都较差。

山梨酸钾：尽管有 10% 的高浓度，但防腐、抑菌效果较差。

丙酸钙：在通常使用的浓度下，防腐、抑菌效果都较差。

苯甲酸钠：此浓度下，防腐、抑菌效果都不理想。

硫酸铜：24 小时中，有较好的防腐效果，抑菌环达 6 毫米，而牛肉胨培养基上，从未出现抑菌环，96 小时后，两种培养基上的滤纸片上都出现了菌落。硫酸铜防腐效果强于抑菌效果。

异噻唑啉酮：在几种防腐、抑菌剂中表现最佳，防腐、抑菌效果明显，持续时间长，96 小时后，仍有明显的抑菌环。

综合以上结果可以看到，用于走马楼竹简霉菌试验的防腐、抑菌剂中异噻唑啉酮的防腐、抑菌效果最好，霉敌、菌毒清和新洁尔灭的效果次之，百菌清和 TBZ 也表现出一定的效果。

2）防腐灭菌剂在培养液中的杀菌、抑菌效果

走马楼竹简和许多漆、木器一样是浸泡在水中保存的，如前文所说，走马楼竹简和许多竹、木、漆器就是在常温下，浸水保存中遭受了各种有害微生物的侵蚀的。所以与我们通常见到的空气环境条件下保存器物的防

腐、抑菌有所区别，试验目的就是通过试验，筛选出在水中抑菌效果好，抑菌时间长，可使浸泡在水中的竹简、漆、木器在一个较长的时期内，免受微生物的侵害，并由此减少换水次数，使文物减少由于换水所造成的机械损伤的抑菌剂。

试验结果见表 2 - 4。

表 2 - 4　防腐灭菌剂在培养液中的杀菌效果

编号	防腐剂名称	24 hours（小时）		14 days（天）		2 months（月）	
		菌落数	培养液外观	菌落数	培养液外观	菌落数	培养液外观
1	甲霜灵	-	浑浊				
2	百菌清	-	浑浊				
3	菌毒清 1:100	2.5	清	2	清	9.5	清
4	菌毒清 1:500	0.5	清	1	清	0	清
5	苯甲酸钠 1%	-	浑浊				
6	丙酸钙 1%	-	浑浊				
7	山梨酸钾 2%	-	面上浮菌				
8	霉敌 0.02%	2	清	0	清	0.5	清
9	TBZ	-	浑浊				
10	硫酸铜 1%	0.5	清				
11	新洁尔灭 0.2%	1	清	0	清	0	清
12	新洁尔灭 1%	0	清	0	清	0	清
13	新洁尔灭 2%	0	清	0	清	0	清
14	新 + 霉敌 *	5	清	5	清	0	清
15	异噻唑啉酮 0.5%	0.5	清	0	清	1.5	清
16	异噻唑啉酮 0.25%	2	清	0	清	0	清
17	异噻唑啉酮 0.2%	3	清	0	清	0	清
18	对照	-	浑浊、浮菌				

* 培养液：蛋白胨 1g，NaCl 0.5g，K_2HPO_4 0.1g，水 1000ml。

从结果中可以看出，不同浓度的异噻唑啉酮、新洁尔灭和菌毒清与0.02%的霉敌、1%的硫酸铜都具有良好的抑菌效果。加入甲霜灵、百菌清、苯甲酸钠、丙酸钙、TBZ的培养液都出现了微生物的大量繁殖，培养液出现混浊，说明其在水中的抑菌效果较差。加有2%山梨酸钾的培养液与未加任何防腐、灭菌剂的对照培养液几乎没有什么区别。由于新洁尔灭和霉敌在培养液中的单组分防腐效果都很出色，所以由新洁尔灭和霉敌组成的混合防腐剂，很难分出效果是否强于单组防腐剂。

从现有的资料上来看，用于试验的防腐剂中，甲霜灵、百菌清、TBZ都是很好的防腐、杀菌剂，但这些防腐剂水溶性低，从防腐理论中可以了解到，分散性的好坏是影响防腐、灭菌效果的重要原因。所以在水中分散性差，可能是造成防腐效果不理想的主要原因。

3) 防腐灭菌剂对竹简的影响

任何一种防腐灭菌剂，除了要求具有良好的防腐、灭菌效果外，还要求不能对保护对象竹简产生破坏。为了解防腐剂对竹简的影响，将竹简浸泡在相应比例的防腐灭菌剂中，结果见表2-5。

表2-5　防腐剂对竹简的影响

序号	防腐灭菌剂名称	材料		
		竹简		
		浸泡时间	颜色变化	强度变化
1	异噻唑啉酮0.5%	315 d	不明显	不明显
2	异噻唑啉酮0.25%	315 d	不明显	不明显
3	过氧乙酸0.5%	24 h	变浅	减弱
4	过氧乙酸1%	24 h	变浅	减弱
5	戊二醛2%	24 h	无	无
6	霉敌	200 d	无	无
7	硫酸铜	200 d	无	无
8	新洁尔灭	200 d	无	无

从结果中可以看出，过氧乙酸由于具有较强的酸性和氧化性，使竹简

在 24 小时中即发生了褪色，强度严重减弱；异噻唑啉酮在浸泡竹简近 300 天后，除溶液有些发黄外，竹简颜色和强度并未发生明显变化；戊二醛在 24 小时中未对竹简的颜色和强度产生影响，但较长时间后自身发生聚合，出现沉淀；使用霉敌、硫酸铜、新洁尔灭和菌毒清浸泡 200 天后，未对竹简和漆膜产生任何影响。截至目前，这几种防腐剂已经浸泡竹简超过一年，没有发生任何变化。

4）结论

研究表明，霉敌、新洁尔灭、异噻唑啉酮和硫酸铜都是很好的可能应用于饱水竹简防腐的保存剂。但由于部分工作人员对霉敌有过敏性反应，所以，后期保护处理没有使用霉敌；异噻唑啉酮原液是对人体皮肤有腐蚀性的液体，所以也未使用；而硫酸铜对竹简颜色有副作用，所以也不予采用。

三国竹简埋藏于地下近两千年，出土时并未长有病斑，只是在清洗后馆藏过程中发病，说明竹简是在出土后，感染了环境中的微生物所致。根据研究结果，该细菌可被新洁尔灭抑制，但在使用时却发现，在 0.1% 的新洁尔灭溶液中，病斑仍能扩大，分析其原因，可能有以下几个方面：

①竹简本身含水，稀释了新洁尔灭溶液的浓度。

②新洁尔灭在一段时间之后，会逐渐分解失效。

③病原细菌产生的代谢物逐渐中和了新洁尔灭。

④病原细菌产生抗药性突变。

在适当提高新洁尔灭溶液的浓度（0.2% ~ 0.3%）后，微生物的活动又可得到抑制，说明病原细菌并未发生明显的抗药性突变。

第三章　走马楼三国吴简前期保护

第一节　三国吴简的揭取

1. 考古发掘现场的揭取工作

走马楼吴简是全国范围内首次在井窖中发掘的饱水竹简，这与我国北方干燥地区出土的古代木简情形完全不同，与南方其他地区在墓葬内出土的简牍相比，其保存状况也更加复杂一些。因为受到地下水的浸泡、扰乱甚多等影响，致使简牍与污泥、杂物交错紧贴在一起，腐朽的竹简在其中被相互挤压、粘连紧密，也有的竹简收缩、变形、开裂，使之失去了本身的原貌。由于经过千年的叠压以及地下水、污泥等的共同作用，使得大量竹简黏结在了一起（大木简、木牍等未有粘连），形成了"板块"，湖南人的口语称之为"坨"。这种被黏结、紧压在一起的走马楼竹简，在揭剥过程当中经统计总共有200余坨，每一坨的数量从几十、成百，到上千支不等。

竹简是由竹纤维组成，由于竹质内部可溶性物质基本被溶去，竹纤维有着不同程度的降解，质地疏软，加上吸饱了水分，重量增加，使得有些竹简如同面条一样，依靠自身的强度是无法提取的。而且从本身作为记录文字的载体来看，其每枚简之间存在着必然的前后顺序。这些因素也就决定了简牍揭剥工作的复杂性。

后来针对走马楼竹简还进行了超薄切片分析，检测结果也表明：竹质细胞除木质素外受到严重破坏，已被水分饱和，变得糟朽；纤维之间几乎分离，基本失去强度；细胞壁上破损及孔洞极多，表明半纤维素等糖类物质均被腐蚀掉，这是竹简物理强度基本丧失的重要原因，由此可见竹简腐朽的严重程度。

　　现存的走马楼竹简发掘出土于编号为 22 号的古井窖中。J22 为一不规则的圆形竖井，构筑在生土层中，上口略小，中部稍大，至底部收束、缓平。井壁较光滑呈灰褐色，且经过人工修整。由于地下泥水长年累月地不断侵蚀，其结果是导致井壁已经不太结实，在发掘的过程中也不时有脱落的情况发生。清理后的井口除了上部受到破坏之外，井内原北半部的堆积也遭到施工挖掘机的机械破坏，也随之给位于北半部的简牍层带来了同样的厄运。

　　J22 古井的堆积分为四层：第一层为黄褐色覆土，第二层为简牍层，第三层为灰褐色土，第四层为方形木壁竖井及四周黄褐色填土。现存的竹简放置在 22 号井窖中部偏南的位置，简里夹杂着部分木牍。简牍的摆放有一定的顺序，层层相叠。简牍之上覆盖一层竹篾席，已残朽。从剖面上看，简牍摆放时对其位置似未大加修整，而是依原堆积的自然状态摆放，再加上窖壁塌压的结果，故呈现出中间厚高两边走薄的状态。

　　在考古发掘的过程当中，对于发现的成捆、成片的出土简册，理应要尽可能一次性都取出来。但是由于这批竹简数量太过巨大，无法一次性地全部提取，为了便于清理和发掘后的整理工作，并根据当时的实际情况，将简牍分成为 I 、II 、III 、IV 四个区。这些区域不是按照十字基线来平均划分的，而是依据出土简牍遭破坏后的分布现状而确定的。四个区中的简牍堆积与分布情况，于前面第一章内已作了详细描绘，在此不再赘述。

　　由于简牍受到上部井壁塌垮泥土的挤压，原来位置发生倾斜状移动，致使简册朝着左右两边下沉，交叉错乱现象均比较严重。即使从竹简一侧的剖面来仔细观察，有些也还是很难清晰地辨别出其分布层位与编联顺序。将每个区域内的简牍又划分成为若干个小批次，分别揭取出，放置于塑料大盆内，以保证其完整性。并且记录下各批竹简相互之间的层位关系，同时进行好编号、绘图、照相等相关工作。当竹简与器物交叠时，先清理竹简外围的器物，使竹简完全暴露出来，然后再决定如何提取。

　　在进行揭剥提取时，一般选用薄竹刀或牛角刀从竹简最下部的一端将简与底层轻轻地剥离开来，一边剥离一边插入塑料或木质托板，等到托板已将竹简托住后，再从塑料板下面插入木板从而将竹简整个托举起来，接着再放置于旁边已经准备好的塑料大盆中。对于竹简四周存在的污垢和杂物等，采取了用清水冲淋干净的方法，小心、缓慢地用水流进行冲洗。装入的竹简总共占用了50多个塑料大盆。

另外，对于施工机械将井内的堆积扰动、破坏、搬运到井口附近的部分，工作人员也做了认真清理，并把仔细清理出的遗物编入了采集部分。走马楼J22井不仅在第二层出土了数量众多的简牍，在井中第三层灰褐色土的堆积内，也清理发掘出了少量零星的简牍，并对其层位等基本信息也进行了详细记录。

经过对出土的三国吴简展开的初步清理工作，可以发现这批竹简的形制主要有两大类：一种稍长稍宽，长25~29厘米，宽1.2~1.5厘米；另一种稍短稍窄，长22~23.5厘米，宽0.5~1.2厘米。其中有一批相当数量的竹简为非发掘出土的散乱采集部分，残损的情况比较严重。

另外，再谈一下关于简牍出土后的包装和运输等问题。

对于成捆或成册放置在一起的三国吴简，揭取时保持它原有的存放状态是十分重要的。提取出来的竹简千万不要浸入盛满水的容器内，以免简在水中漂浮移动，扰乱其本来的排列顺序。简牍出土后，其原来的平衡状态被打破了，因此它便要在新环境中建立起一种新的平衡。为了降低新环境对于它的不良影响，最好在竹简的上面平铺一层饱含水分的脱脂棉或海绵来覆盖，用以暂时保持其湿度的稳定，外面再用塑料薄膜来进行包裹，从而与周围环境相隔绝开，然后再运送至工作间或实验室内，进行进一步的科技保护处理。同时须注意：在运输、搬抬回工作室内的过程当中，防止震动等给本已腐朽不堪的简牍造成更大的物理伤害，并应该尽量避免太阳光的直接照射。

2. 室内揭剥工作

当时发掘出土的走马楼吴简，按照各个层位分区暂时盛放在统一的塑料大盆中，运回至长沙市博物馆（清水塘）的简陋地下库房中放置保存。未经整理的简牍均呈饱水状态，表面上还覆盖着一层厚厚的泥垢。首先要做的工作就是进行整体清淤工作，接下来便是揭剥和清洗工作，然后就是脱色、拍照工作，最后才是脱水工作与点交入库等。对于其中成册的走马楼简牍，需要先进行清洗之前的拍照与揭剥，并绘制详细的位置示意图。

走马楼简牍的科技保护工作自 1997 年下半年开始，当时所面临的困难是巨大的。由于出土简牍的数量太多，工作条件又十分简陋，首要任务当然是从技术方法上相对容易的问题来入手。先通过对饱水木简质地的分析测试，了解其材质为杉木，根据经验可以采取自然干燥法进行脱水处理。经过整理保护组人员几年的辛苦工作，有 2100 余枚的大木简（嘉禾吏民田家莂）完成了清洗、脱色、照相、脱水、修复缀合等保护程序。接下来，面对的就是数量多、难度大的走马楼竹简了。这里所要介绍的长沙三国简牍的揭剥工作，主要指的就是当中的竹简部分。竹简数量惊人，工作量也可想而知。

早在当时简牍发掘的工地现场，考古工作人员就发现：数量庞大的竹简中夹杂着木牍、签牌等层层相叠，其长年累月的挤压作用导致竹简相互之间黏结得十分紧密。且由于竹简制作的时间跨度长、选材地点不同、制作者众多等因素，其材质、制作工艺和墨质等也均有差异。有相当数量的竹简制作比较粗糙，已经腐烂、糟朽严重，机械强度也极低。因此，就造成了其揭剥工作的复杂性和困难程度。

1）揭剥前的工具准备

众所周知，大多数发现的竹简原本应连缀成册，或者事后编成册书来保存，走马楼吴简亦是如此。所谓"揭剥"的定义，就是指从简牍出土时已被挤压黏结在一起的极不规则、形状大小不一的"板结成块体"上，尽可能地按照原来简册的前后顺序，采用人工的方法将其逐枚地揭取、分离开来。

由于它们长久埋藏于地下，册卷的原样早已经解体、散落，很难看出眉目，有的还变形、残碎，腐朽厉害。要将厚度仅仅为 1～2 毫米的竹片揭剥开来，并保持其完整性，且不能丢掉残破碎片，同时不扰乱层次和顺序，从而为后续的复原、释读文字提供最大程度的保证。否则，十万余枚竹简如若混乱成一团，这批珍贵文化遗产的学术价值也将受到极其严重的影响和破坏。

首先在工作进行之前，为了保证揭剥的严格化与规范性，确定出了

"两个不准"：一是严禁工作人员直接用手去接触文物；二是禁止未经责任人许可而擅自揭剥。然后，从准备的多种类型器材中，具体选择了下列一些工具：

①各种大小型号的毛笔，1~8号油画用笔，用于揭剥前在水中对"简坨"进行初步的清理，以及分离后的竹简清洗工作。

②油画铲，薄的不锈钢材质，用以缓慢剥离叠压结实、紧密的竹简板块。

③自制竹托，用于承托简牍，避免其直接与容器摩擦。大竹托放置成堆竹简，小的放置每支简牍。

④专门制作的竹片刀，用以揭取松动呈叠压状态的简牍，或者剔除简上黏结较为严实的污垢物。

⑤专门制作的夹具为竹镊子，其比金属夹子的力度要小，碰撞力也略轻，不易损伤竹简表面，在市场上未见此类产品。

⑥厚度适宜的玻璃条，并根据实际需要自行裁切，玻璃条的长、宽度均略大于简牍的尺寸规格。

⑦专门为此定做的10万枚不锈钢编号牌和白色棉（或涤纶）线若干卷。

此外，还有照相、绘图设备等，以及按照简牍长度所准备的各种型号的塑料薄膜、搪瓷盆等工具，可以将揭剥出来的简牍放置于其中以便进入到下一个环节的工序。包括简牍的清洗流程等工作，也将会使用到上述的这些工具。

2）揭剥操作流程的制定

根据长沙简牍整理保护工作的需要，严格按照要求制定出了一整套简牍揭剥与清洗的工作流程图。包括：提取简牍——照相——绘图——揭剥——编号——清洗——绑夹——登记入库。并与程序配套，准备好相关的提取、入库凭证清单、交接登记表以及专用工作日记本等全套原始记录用品。

走马楼三国吴简的揭剥工作，也包括揭剥前的绘图与编号等程序，在揭剥中采用的都是手工技术。其具体的操作步骤及要求为：

a. 拍照

①简牍揭剥清洗之前，必须拍照，重要者须录像。

②根据发掘的原始记录，按照叠压顺序拍照。

③详细记录简册所在的区域号、存放盆号及完整件分号。

④揭剥前必须经过整体清淤后拍照，同时绘制好出土层位图，图照要一致。

b. 绘图

①绘制每盆简牍的平面图、层位图，图纸与照片须一致。

②对成册的简牍要绘制平面图、立体图，详细记录所在的区域号、盆号、分号，注明绘图时间、比例、绘图者姓名等。

③清理出的残木简、木牍、签牌等均要绘图、编号，记录方法与上述相同。

此次揭剥简牍的绘图是在室内进行，光照条件比野外好，且对象可以移动，亦可多角度长时间反复观察。最重要的目的是寻找简牍入土时的编联顺序和被掩埋挤压后册卷解体散乱的规律。简单地说，是从一堆表面无序的简牍中，寻找并发现其原本包含的独立单位（即一卷或多卷），以及它们本来的顺序。所以，每坨不论是成百上千或者是几枚简牍，都要按现存形象绘图，留下原始图像，标示出一切肉眼可见的痕迹，作为揭剥编号的依据。

对竹简外观图像的细致描绘，也是很重要的工作程序，不能以野外工作留下的绘图资料来做代替。此次出土的简牍除了单枚的以外，总计为259坨。因此，就对其绘制了259张平剖面图、2张叠压在一起的有连带关系的立面图，还有59张木牍、签牌、残木简等一些与竹简有关的平面图。此次走马楼简牍的揭剥工作，其绘图数量总共达到了320余张，为后续进行的资料整理与研究工作提供了相当重要的参考作用。

揭剥立面示意图描绘的是在此坨竹简平置的情况下，自简牍侧面顶端观察其逐层叠压所形成的状态。每枚简端平的一面代表有字（正）面，弧形的面为反（背）面。一般其上半部分均是有字面在下，而下半部朝向则正好相反。这一批成"坨"竹简当时的保存状况，应该是成卷的册书历经

1700 多年的堆积挤压所形成的，其揭剥示意图中所蕴含的信息，对于了解坨内竹简的对应位置与相互关系提供了重要线索，奠定了从文书学角度复原册书的基础。如今，已经有不少国内外的研究学者开始利用这些示意图进行竹简册书复原工作等相关方面的探索。

c. 揭剥与编号

①揭剥前需认真对照绘图、照片等进行仔细核对，确保区域号、盆号、分号无误后方可进行。

②对于粘连紧密结实的竹简，要细心观察竹简的排列、叠压关系，按照一致的方向和顺序进行揭剥。

③在揭剥完整的简册时，每一枚竹简需要单独使用一个不锈钢编号牌，编号均不得重复。

④在揭剥竹简的工作过程当中都要耐心细致，轻挑徐进，左观右察，切不可莽撞拉扯，急于求成。

⑤揭剥时做好详细记录，及时补充原图、照片上的不足。而特别是对于比较完整的成册竹简，力求弄清楚其编联顺序。须做到图上编号与钢牌号完全相符后，才可转入下一步的清洗环节。

对于每一小册的竹简，均是按照盆号、区号、坨号的顺序来进行编号。例如 12 - 4 - 1，就是 12 盆 4 区的第 1 坨，这样根据每盆的具体情况设置就会有利于揭剥编号的划分。每一坨竹简中最上面的那枚都被视为 1 号简，而实际上给的不锈钢牌却是另外一个连续号，例如：19 盆内的第 6 小坨，其绘图号列有 1 ~ 1194 号，而实际编号牌则为 55682 ~ 56875，这也为简牍文字内容的考释工作提供了相应的参考。

此外，有关简牍清洗、绑夹方法与核对入库等几个环节的工作流程和具体要求，将专门放到下一节来介绍，在此不再赘述。

3）揭剥工作的过程与方法

在走马楼三国吴简揭剥的工作当中，其过程要求做到以下几个确保：

第一，要尽其所能地保证每枚竹简现存状况的完整性。

第二，保证竹简上现有的文字与墨迹不受损伤，因此需要非常耐心细致。

第三，全面记录、描述好简与简之间的层次和连接关系。

第四，要努力想办法解决一些技术方面上的疑难问题。

第五，详细登记编号中每层简的数量，每揭剥完一层时便与示意图认真核对一次，确保无误才能继续往下进行，揭剥一枚后就放一个钢牌号。

关于简牍揭剥时的编号方法，特别是针对有明显卷圈式样的叠压"简坨"的处理，为了搞清楚原始卷圈的顺序，必须采取做实物模拟的方法来加以解决。根据竹简上腐烂的编绳痕迹，复制、编联了若干枚用新竹片做成的竹简，再在复制件的每枚竹片上的一端用油性笔按顺序往后做标记，然后模拟三国吴简的卷圈式样卷起成册，依靠观察复制件的横断面就基本明白了应该如何编排顺序号。通过这种比较直观的模拟方法，使得揭剥过程中编号顺序的难题迎刃而解。

下面，再来介绍走马楼三国吴简揭剥工作的具体操作过程。

首先，把竹简顶（底）端横断面上的淤泥细心地清理干净，再仔细观察、找准竹简之间的层次，采用竹刀尖或者小号油画铲，缓慢地插入到两枚竹简一端的缝隙，另一只手使用毛笔在简与简之间点蘸蒸馏水，借助于水的渗透润滑作用，从板结成坨状的简块中揭取、剥离出单支的竹简。

在简牍揭取的时候，注意插入竹简缝隙中的竹片要左右起伏，徐徐向前推进，每挪动大约 2～3 厘米就暂时停住，看清是否放对了位置并对竹简有无影响和损害，确认后才能继续前行。用托片承接住已经揭起一端的竹简，以免发生意外损坏、折断的事故。在竹托片上必须要有水做润滑剂，防止托片与竹简粘在一块，托片会向前挪移不动。

同时在边移动的过程中，还要边注意是否有挑扯、损坏的情形，若发现有应当立即停止前移，改从简的另一端用同样方法再进行剥取。即使在揭剥中较为顺利，没有出现粘破现象，也要切忌移动速度过快，否则马上就易出现竹简破损的状况。这是由于竹简被挤压的时间太久，相互粘连结合得过于紧密而造成的。借助竹片刀等工具左右起伏前移时，能够使它们两者之间慢慢分开且不会破损。

在简牍的揭剥工作进行过程中，有时候一天下来平均揭剥不到 10 枚竹简，每揭剥一枚差不多要花费一个小时左右。分析其缘由：一是开始找不准竹简之间的缝隙；二是由于粘连得太过紧密，根本是无缝插针，毫厘难起；三是竹简在地下浸泡的时间太长，导致其纤维严重腐朽没有拉伸强度；四是表面覆盖的一层植物油所造成的黏性力。另外，造成竹简难以揭剥的原因还有一种，就是这批简牍有些在制作过程中，用作防腐封护处理的油类涂刷时不均匀，或者植物油的质量不一样所造成的粘连。这些也给当时的揭剥工作增加了相当的难度。

在处理这批简牍中最大、最多的一块"简坨"时，工作人员采用了适当进行升温的处理方法。在揭剥前先做一个能够调整尺寸的活动木盒，在木盒里面放置一个大小等同的塑料薄膜套，再将简牍放入木盒薄膜套内，加入温水。塑料薄膜遇热后就自然粘到木板上，这样既减少了温水的用量，同时也方便揭剥。切忌将温水直接倾倒在竹简的文字上，以防止把墨迹冲淡或去除掉。通过实践证明，采取加热升温的方法，也是一种解决揭剥困难的有效途径。

第二节　三国吴简的清洗

为了更加保护好长沙三国吴简这一惊世大发现，在国家文物局的关心与重视下，在省市文物主管部门的支持下，相关人员认真组织简牍整理保护项目工作的实施。1997 年，经严格挑选的 6 名年轻学员通过了专门的技术考核，能够达到视力良好、心理素质稳定、注意力集中、做事认真细致等具体要求。并邀请了当时国内的几位在简牍保护方面经验丰富的专家进行授课、讲解，现场传授技艺和手把手地科学指导，培训结束后正式上岗，开始进行走马楼简牍的清洗任务。

每清洗一枚竹简的时间，算起来大概平均要 40~50 分钟，总共经过 6 道工序，要使用到 10 余种工具。为了抓紧时间赶进度，他们除了正常的工作之外，每个周末都往往还要加班。历经了近 6 年时间，专家所传授的复杂程序与技艺，已经在他们手里运用自如。其目的就是：希望以最快速度及尽可能的少出差错，将这十万余枚简牍从淤泥污渍中解脱出来，从而使这批珍贵的历史文化遗产得到更好的保护。

在清洗的过程当中通过实践的摸索，工作人员选用了一种小号的勾线笔作为竹简清洗的专用笔。最初采用的是狼毫毛笔，经过试验，因简牍表面的凹凸不平、笔毛太过于柔软而很难清洗干净。接下来，工作人员将毛笔的笔锋以外的部分用油漆封固，只用笔锋尖端部分进行清洗，取得的效果尚可。但其缺点就是不耐水，浸泡了几个小时以后便不能再使用了。最后技术人员在市场上找到了两种尼龙材质的勾线笔，既较为柔软，力量也比毛笔大一些，对简牍上面的文字也没有丝毫损伤，于是就选用这种笔完成了对全部竹简的清洗工作。

长沙走马楼三国吴简的清洗工作，其具体操作的方法如下：

1）清洗技术人员实行独立作业。责任人将待揭剥的简牍分发之前，必须先核对发给每个人的具体数量，配发的钢牌号要与竹简的数量相一致。

2）在进行清洗前，须将竹简放入特定的清洗溶液内浸泡，等待大约30分钟后取出。

3）清洗工作中应该首先从简牍的背面开始，即无字的竹青面（走马楼出土的竹简字迹绝大部分书写在竹黄一面），如发现两面有字的，就应立即减缓速度和控制力度。

4）清洗有字的竹简时也应分为三个步骤来进行：

①粗洗：清洗竹简无墨迹的地方及粘连淤泥较厚处。

②细洗：采用多次更换蒸馏水的方式，浸漂、轻刷简上和两字之间的泥垢。

③精洗：细致地清洗凹凸不平的竹简，熟练地运用所需笔种，笔锋使用挑、抹、揉、点等技巧，剔除简上的细小污垢。

同时，针对清洗竹简时发现的简弯折、扭曲、起翘等情况，工作人员也及时采取相关措施，对于产生变形的部位做适当的矫正与整形处理，以便于进行清洗之后的竹简绑夹工作。

在清洗的过程中工作人员还发现：大多数字迹写在竹里（即竹黄面）的竹简，因为竹质均腐朽得厉害而显得墨迹散淡；而仍有少数竹简就直接书写在靠近竹青这面，字迹却非常清晰且牢固，不容易被洗掉。这一点在双面有字的竹简中也体现得更加明显，现试简单分析一下造成此种情况的原因。

竹子的体壁一般在根处为最厚，向上部而逐渐减薄，其竹质又可分为竹青、竹肉和竹黄三个部分。竹青在最外一侧，质地坚韧、表面光滑，外表常附有蜡质层；竹黄为竹壁内层，质地就过于疏松、脆弱；竹壁的中部即为竹肉，位于两层之间，是由纤维、维管束与基本组织组成。竹肉是用于制造竹简的主要部分，因其靠近竹黄面的一侧墨汁的吸收和渗透性能好，故一般竹简上的文字均书写在此面，但其缺点就是耐磨强度比较低。而靠近竹青的一面由于结构组织较致密，书写和保持墨色的能力相对来说差一些，可是字迹写上以后其耐磨和持久性都较好。故在发掘出土的竹简中，书写在竹青这面上的字迹相比之下会更加清楚，并且也不容易脱落，能够历经 1700 多年时间的地下埋藏和恶劣环境的侵蚀，至今还仍然保持着如此清晰的程度。

第三节　三国吴简的绑夹和核对

走马楼三国吴简的揭剥与清洗工作，其过程非常复杂，要求也十分精细。因为每剥取、清洗一枚竹简，须经过多道工序，要使用到 20 来种工具。而在这个过程当中，保护技术人员也必须高度绷紧神经，小心翼翼，丝毫不敢大意，避免对简牍上的字迹有任何损伤。

对长沙走马楼吴简的清洗完成后，就开始进入到下一步的绑夹工作了。其每枚简均按顺序单独给一个不锈钢号牌，并按照编号核对清楚。再进行玻璃条的绑扎，将竹简夹放在两片玻璃条的中间固定后，两端均采用棉线进行捆绑，棉线缠绕几圈后打个活结扯紧，这样也便于今后解开。完成后将编号钢牌插入竹简上方的棉线内，号码字体向外。凡是发现有墨迹的竹简时，均需用此法来进行绑扎，这样既能够透明可见，又防止其受到进一步的损伤。

下面，对于走马楼竹简进行绑扎的操作方法做个简要叙述：

首先，把略长于竹简 2 厘米的一片玻璃条横搁在清洗的搪瓷盆上，然后用竹镊子和竹托片将一枚洗好的竹简放置在玻璃条中间，盖上另外一片玻璃，再用两个弹力较小的夹子在其中部左右两端各自夹上，使得两片玻璃条与竹简成为一体，不会任意移动。然后左手握住玻璃条的一端，左手的拇指和食指放在竹简端的平行线上，右手的食指与拇指拉一根扎线头（裁剪好长短的）放在左手的大拇指下，再在线头上绕一个小圈在玻璃条边外，然后用左手拇指把线的交叉点按住，右手拉着另一端顺着左手拇指在玻璃条上绕四五圈后，右手的拇指与食指握着剩余的线头穿入玻璃条边外小圈内，然后右手拉住线头，左手再用力扯紧原来的那个线头，就算绑扎好了一端。竹简的另外一端也采用同样的方法进行。如若是一枚长度比较完整的简牍，还要在中间再加绑上一道线，这样才能更好地把竹简固定住，不至于让细窄的简从中部滑出脱落，具体样式见图3-1。

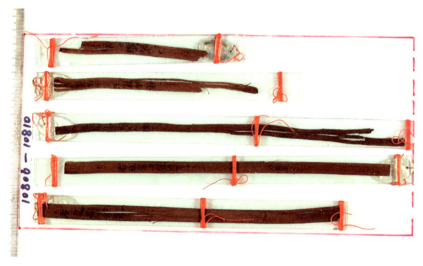

图3-1　三国吴简清洗后的捆绑方式

　　通过这样的方法绑扎过的竹简，其棉线线头均为结实的活扣，既保证了棉线结扣的牢固性，也使得在拆除玻璃时方便解开。这其中，值得再强调说明的就是：绑夹时手指力度的控制应大小适中，切不可用蛮劲扯得太紧、太死，以竹简在其中不易滑落出为宜。而且所采用的绑扎棉线在购买回之后，必须经过沸水的高温蒸煮，待到放凉、晾干后才能拿来使用，以避免棉线因遇水时收缩而对简造成不利影响。

每日已清洗干净的竹简，在下班之前必须由专人再清点一遍数量，并做好简牍的完残情况等相关登记，经相互核实确保无误后，及时入库保存。采用医用搪瓷盆将竹简装好，写上数量、出土区号、时间等标注说明，送入地下库房内的木架上摆放整齐。

上述饱水竹简的绑夹方法，仅仅适用于清洗后入库存放时的状态，但是在简牍的脱色与脱水处理过程中，这种绑夹方法却不利于药剂溶液的充分渗透。因此，在移交工作之前，必须对其玻璃的绑夹方法进行相应的调整和改变。

所采取的方法是棉线缠绕法，即先将编号钢牌放置在玻璃背面，用线缠绕几圈使其固定，再把竹简放在玻璃正面上，然后将棉线按"之"字形来回折绕。注意把握力度的轻重大小，既要使竹简固定住，又不能太勒紧而造成竹简的损伤，并根据竹简的腐蚀糟朽程度来控制线与线之间的距离等。完成后在玻璃的另外一端打个活结，再将线头插入绕好的线圈中扯紧。

用棉线缠绕法进行脱色之前的清洗与处理，具体情况如下图 3 - 2 所示：

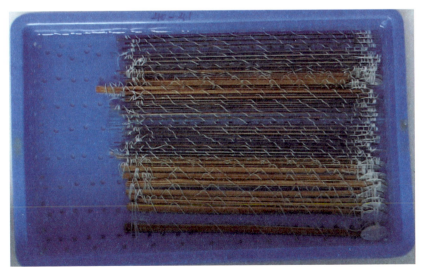

图 3 - 2　三国吴简脱色时的捆绑方式

　　按照这种绑扎方法，既避免了双面绑夹对本已残损吴简的挤压，又有利于化学试剂的渗透，缩短处理时间，便于吴简保护的大规模流水化作业，就此完成了近8万枚三国吴简的揭剥清洗、脱色拍照、脱水入库等工作。不仅大大缩短了完成这项艰巨任务的时间，而且在工作过程中做到了对文物没有损害，完全保持了简牍的原貌。这一新工艺的探索与改变，对今后处理类似残损湿简具有重要的借鉴意义。

　　自长沙走马楼吴简发掘之日起，按照上述的程序和方法，从1997～2002年的五年时间里，实际投入了大量的人力、物力等来进行三国吴简的编号、揭剥、清洗、入库等工作。走马楼吴简的揭剥与清洗任务，比专家预计的时间提前了两年多完成。数量总计将近14万枚，这其中的扰乱简约占7.1万余枚，正式发掘简有6.8万余枚，其中文字墨迹可以辨识的简牍，总数近8万枚。

　　相关工作自1997年下半年开始，至2002年6月结束，对竹简的揭剥、清洗工作坚持每天做了工作记录。对药水配比、工作程序、人员、数量及核对、入库等过程也都进行了详细记录。同时对完整或残缺的竹简加以区分、统计，以便于今后的资料整理。在这期间，从事此项工作的全体人员从未休过节假日，不仅大大缩短了完成这项艰巨任务的时间，而且在工作过程中做到了对文物没有损害，完全保持了简牍的原貌。绘制的简牍清理揭剥平面图6大册，工作笔记40余本，达100余万字。简牍编号、揭剥工作的科学性为研究人员后续进行的释文解读与整理出版工作奠定了一个比较良好的基础。

第四节　三国吴简的饱水保存

　　未经脱水的饱水简牍，清洗完毕后再放入地下库房内保管，主要的保存方法仍然是浸泡在纯净的蒸馏水里暂时保存，也称为"湿保"。数量总计14万枚的走马楼竹简（其中包括无字简），分别装在2100多个医用搪瓷带盖方盘中，摆放在库房内的56个架子上，见图3-3。

　　由于简牍在清洗的时候使用了一些化学试剂来进行去污，因此对其会

图 3 - 3　三国吴简的库房保存

有一定的影响，入库后还必须用蒸馏水进行置换，将清洗过程中所吸附在
简上的表面活性剂等化学物质漂洗干净，以最大程度地保证竹简不受药液
腐蚀。注意要重复地浸泡、置换几次，用 pH 试纸进行检测至中性即可。

　　此外，当时的地下简陋库房湿度偏高，常年在 80% 以上，阴暗潮湿又
不太通风透气，放在木架上的白色搪瓷盘比较容易滋生霉菌等，从而对竹
简造成污染和损害。我们专门针对易起霉的现象，每月都要进行至少一次
的全面卫生大扫除，以确保库房干净整洁，从根本源头上遏制细菌类的滋
生。并且还要进行日常维护，坚持定期观察竹简的变化情况，同时做好库
房的相关记录。

　　在相当漫长的地下封存期内，简牍的变化是极其缓慢的，一旦饱水竹
简被发掘出土，它的变化速度就大大加快了。由于竹木类等有机质文物本
身的特殊性，在方案实施之前应先做小范围的试验，待到成功后才可对文
物实施保护。工作人员须对所有的简牍都来进行通盘的考虑，逐一分析各
个方法的适用范围，有专门针对性地选用，以求达到最佳的保护效果，其

目的都在于尽可能更好地保存文物。就当时情况来看，这种"湿保"的方法是可行的，但不是最佳方法，也难以确保文物得到长期稳定的保存和保护。目前从最安全、有效的方面来考虑，还是应该尽快对饱水简牍进行脱水处理等工作。

1. 饱水阶段的库房保管

走马楼三国简牍清洗后放置于地下库房中，为了防止其受到霉菌等微生物类的影响，保管人员须经常喷洒药物对环境进行消毒，或在清水中加些防霉杀菌剂进行密封保存。例如，采用复方新洁尔灭溶液配制的药液进行浸泡，就能起到杀灭霉菌的作用，以确保饱水简牍的安全。此外，还将竹简放入自制的塑料薄膜袋中进行了封口处理，完成了微生物的防治等。在实施过程中，还需时常观察其在库房存放过程中的变化情况，要防患于未然。若发现问题须及时汇报，每个架子上的盆子都要经常仔细检查，并作好相应记录。

1）清淤工作

1996 年的 7 至 11 月，从考古工地上发掘出的三国吴简分别放在 56 个塑料大盆里运回地下库房。为了竹简能得到更好的保护，以及整理工作得以顺利进行（如简牍清洗前的拍照、绘图等），工作人员首先要清理覆盖在竹简上面的淤泥。此项工作用时 2 个多月，总共消耗了蒸馏水 10000 余千克。

2）清洗后置换药水

走马楼竹简在清洗的过程中，因为去污的需要而使用了一些化学药品。按照饱水竹木类文物保护的具体要求，还必须把残留、吸附在简表面上的物质置换出来。具体方法是要采用蒸馏水置换 3 次，所用蒸馏水共计 20000 余千克。

3）更换蒸馏水

库房保管人员须对浸泡在搪瓷盆内的竹简进行不定期换水，特殊竹简除外（质地比较差一些的）。通过这样才能置换出其内部的污染物以及有害的重金属离子，还有竹简本身被降解和腐蚀的化学产物等。每年需不少于 2~3 次，蒸馏水的用量共计为 25000 余千克。

4）日常的检查工作

定期观察清洗后竹简的保存状况，主要是看蒸馏水有无变质、浑浊，饱水竹简的颜色、表面有无异常变化等。1999 年夏天，发现个别搪瓷盘内水质有些浑浊发黄，简表面上出现异样的椭圆形小斑点。其他的盆内也相继有所发现，且来势较快。经过化验检测，是一种专门侵蚀竹类的菌，暂时定名为"竹简蚀斑病"。由于发现及时、处理迅速、措施得当，"蚀斑病"得以很快地被控制住，至今也尚未再发现。

5）更换文物架

由于当时的简牍临时存放库房条件十分简陋，常年都阴暗、潮湿而且设备比较陈旧，盛放走马楼竹简的搪瓷盆起先均摆置于文物木架上，长达六年之久。在这期间，都需要经常对木架和搪瓷盆周围所滋生出的霉斑进行清理，并定期开启紫外灯对空气中的微生物进行杀灭。但后来发现，在木架的四脚和靠近地面的两层隔板下还是已经开始腐烂，这就给竹简的保护工作造成了严重的安全隐患。因此，在 2003 年初根据实际工作的需要，重新按照尺寸规格定制了 60 个不锈钢架，将原来的木质文物架全部更换掉。投入使用后不但保证了竹简的绝对安全，而且有不易生霉、容易擦洗等特点，对简牍科技保护工作也起到了很有效的促进作用。

2006 年初至 2007 年为止，工作人员集中投入了大量的人力、物力等，分批次完成了对于三国吴简库房的整体搬迁工作，目前走马楼简牍全部存放于长沙简牍博物馆的地下饱水库房内。新的库房相对于原来长沙市博物馆的简陋库房来说，周围环境、空气质量等条件都有了很大程度的提高。为符合吴简保护的具体要求，已经对库房进行了局部的改造：增添了中央空调、通风橱，并安装了除湿机等硬件设备，并有专人负责定期检查、维护和保管，保存状况得到了较大改善。对于尚未进行脱水处理的无字及字迹非常模糊无法识别的余下走马楼简牍，其保存环境温度基本控制在 18 ～ 25℃左右，库房内放置的不锈钢架和塑料盆，再也不用担心发生霉菌滋生的现象。

2. 霉菌防治

1999 年 9 月 13 日，工作人员正在地下库房进行三国吴简的例行检查，当查看到编号为 14－15－18 的盆内时，发现水质有些浑浊发黄，简表面上有很小的呈黄色的圆点。其他的盆内也相继出现了异样的小白点，且来势凶猛、发展迅速。根据发生病害的竹简所呈现的性状特点，暂时确定命名为"竹简蚀斑病"，以下简称"蚀斑病"。

在相继发现竹简上的"蚀斑病"后，当时相关人员积极主动地与北京大学、湖南微生物研究所等各地的教授取得联系，来到地下库房现场取样，标本经过化验检测，结果证实是一种专门吞噬竹木类的特殊菌种，侵蚀性很强，能在一两天之内由微小斑点变成椭圆形穿孔。一旦移动竹简，或者运动的水都会造成半透明物质的破裂并且散落在水中，从而导致竹简的破坏。竹简蚀斑症常常是突然性大面积爆发，同一库房内几十盘竹简往往同时出现病变。目前还尚未发现对木质素产生如此强分解能力的水生微生物的报道。

在此危急时刻，为了保障文物的安全，抵制住未知细菌的肆虐刻不容缓，当即请教有关专家采取防治措施，暂时用 75% 浓度的乙醇溶液来浸泡感染竹简，继续观察后凡是发现可能已经产生菌斑的简均用此法，及时控制住了病情。而且为保险起见，把带病斑的竹简放在了地下库房的过道上，将其与无菌的竹简分隔开来。因为乙醇具有易燃易挥发的特性，出于安全考虑必须制作塑料袋来盛装竹简，并全部将口沿密封进行保存。

北京方面的专家对此事也很重视，专程赶赴长沙进行现场考察，当即就提出了饱水简牍的保存方案：改用霉敌按 0.05% 的比例配制药液来浸泡竹简。考虑到竹简的特殊性，暂定周期为 4～6 个月更换一次药水，同样用塑料袋密封好。此外还在地下库房内采样，采集了有菌的与未感染的 2 种标本，分别都是无字残片各 5 枚，并带回北京做病菌接种实验。遗憾的是一直没有返接成功，其原因可能是由于南北方的温湿气候差异而造成的。

现在回想起来，幸亏当时发现及时、处理得当而得以控制住病情的发展，"蚀斑病"还是处于刚开始时的萌芽状态，否则这批有菌竹简将遭受到毁灭性的损害。文物的最大价值就在于它的存在，简牍及其书写的文字一旦被毁坏了，所传递的信息也会跟着消失，其可供研究的历史、文化、艺术价值也随之破坏。

为了使走马楼三国吴简能得到更好的保护，凡是已经清洗干净包括字迹难以辨识的竹简，全部按照专家建议采用 0.05% 的霉敌溶液进行浸泡。通过对更换药水后的搪瓷盆进行观察，感染"蚀斑病"的竹简都已经被有效抑制，且没有再继续发展。

在对乙醇、霉敌浸泡药液的观察过程中，工作人员也发现：浸泡乙醇后的竹简一旦取出，就会发生明显的收缩、开裂、变形等现象，这对今后的简牍释文整理工作非常不利。另外，乙醇本来就存在着不安全的因素。

而霉敌这种化学物质在常温的水中溶解度不高，配制时需要对其进行加热升温。当浸泡一段时间后便会析出结晶状固体粉末，沉积水中黏附在竹简表面上，严重时整个搪瓷盆内的竹简都被白色结晶物包裹，严重影响观察竹简的墨迹文字。出现这种情况后，唯一的解决办法就是用毛笔轻轻去刷，结晶物本来就粘得很紧，清洗过程中稍不留意就很容易把字迹洗淡，甚至洗掉。这不仅增加了工作量，最主要是对竹简本身造成了无形的伤害。

2001 年 4 月起，开始把地下库房内的全部竹简（包括正在清洗的）用复方新洁尔灭药水替代，浸泡浓度按 0.05% 的比例用蒸馏水配制，以 4 个月为周期更换一次。经过长时间的库房观察，其效果比预期估计的还要好。

从 2001 年夏天开始，相关单位与湖南师范大学生命科学院微生物应用研究所、北京大学考古文博学院展开合作，针对"蚀斑病"做了进一步的病理探源、防治研究工作。通过菌种分离培养、病原菌反接实验，确认竹简蚀斑病是因细菌引起的。细菌是竹简致病的主要因素，即使有其他微生物也要通过它才能起作用，抑制该细菌的生长就能够阻止"蚀斑病"的发展，而复方新洁尔灭溶液就有很好的抑制作用。

考虑到这批竹简的材质较差、腐蚀严重，换水过于频繁对简来说也会造成一些伤害，因此决定将新洁尔灭的浓度逐步加大到 0.1%～0.15%，更换周期暂定为 5~6 个月（在春、夏季之交时间可适当缩短一些）。通过仔细全面的检查，在其以后的保护过程中没有出现过任何问题。经咨询有关方面的专家，新洁尔灭的浓度控制在 0.2% 以内都不会有明显的不良损害。因此从 2002 年 8 月开始，约 14 万枚竹简全部采用 0.15% 浓度的新洁尔灭溶液浸泡，时间已经过去几年至今，所有竹简通过认真检查还是保持一切正常。

　　针对地下简陋库房易起霉的现象，每月都要进行至少一次的卫生大扫除，以保证库房里面的干净整洁。由于春夏季之间微生物容易滋生，是病害的高发季节，因此要格外小心注意防止污染，室温在 27～35℃、相对湿度 70% 以上是其生长繁殖的最佳条件。特别是霉菌会散发出难闻气味，产生危害很大的毒素，须加强防范，并时刻保持干燥、通风（图 3-4）。

　　同时，还要进行库房日常维护，坚持定期观察竹简变化情况，保管人员须做好相关记录。因为绑夹竹简的玻璃难免会损伤、划破塑料薄膜，一旦发现袋子漏水，就需及时重新更换以保证不出问题。在每半年更换一次药液的过程中，每枚竹简都必须逐片进行观察。不能像平时只看表面的情况，而是要观察得更加仔细和全面。竹简都是用玻璃绑夹着的，也难免会发现有玻璃折断及棉线脱落等问题，此时需暂停下手上的工作，及时解决、处理好。

　　在走马楼吴简饱水状态的库房保管中，工作人员不断进行工作总结和经验摸索，例如：对于浸泡竹简的药水溶液，从乙醇——霉敌——新洁尔灭的不断改进与提高；尝试采用自制的塑料袋进行密封，并逐步改进制作工艺，从而起到了防止污染、经久耐用等作用，袋子的漏水率也从原来的30% 降低到改进后的 5% 以内。所有的这一切，付出的都是成倍的努力。

图 3-4　三国吴简的库房保存

第四章　走马楼三国吴简保护修复方案

　　走马楼三国吴简保护修复工作历时 15 年（1996～2010 年），保护过程中共制定了三份走马楼三国吴简保护修复方案，分别是 1997 年胡继高先生主持编制和方北松 2002 年及 2003 年主持编制。2002 年的《走马楼三国吴简科技保护方案》于同年 5 月由国家文物局组织的专家组审核通过，根据专家意见，脱色技术选用连二亚硫酸钠法，脱水技术选用乙醇—十六醇填充脱水法。2003 年 10 月在 2002 年科技保护方案的基础上编制了《走马楼三国吴简科技保护实施方案》，同年底在北京通过国家文物局组织的专家审核。2004 年《走马楼三国吴简科技保护实施方案》作为《走马楼三国吴简保护整理项目总体方案》的一部分获得国家文物局批复同意。

　　走马楼三国吴简保护修复方案是由 2002 年、2003 年两份科技保护方案综合而成，详细内容见附件四。

第五章　走马楼三国吴简的脱色

　　长期的考古发掘实践证明：刚出土的有机质文物，即使其外表颜色鲜艳，可经过一段时间后，其颜色渐渐加深直至深色。对于简牍而言，暴露于空气中几分钟时间即可使其上的文字无法识别。出土后保存于水中的简牍在有泥土的严密覆盖下，可保持较长时间的颜色稳定。例如：湖北江陵鸡公山 135 号秦墓出土的竹简，刚接触空气时，颜色为米黄色，可在 5 分钟的时间内，其颜色即转变为深褐色。湖北江陵高台 2 号墓出土的木牍刚接触空气时其上墨迹清晰可辨，但几分钟后却为木牍逐渐发黑的底色所覆盖。荆门郭店楚简是深夜出土，刚出土时，竹简为米黄色，字迹清晰，可当运回当地派出所时，已转变为黑色，其上的古文字已无法认清。湖南沅陵侯墓竹简出土十余天后，在做表面泥土清洗时，发现下层的竹简仍由泥土覆盖着，除去泥土，竹质为米黄色，其上的文字清晰可辨。因此出土饱水简牍保护修复的重要内容就包括简牍的脱色工作。

第一节　饱水简牍变色机理

1. 简牍发色团诱导变色机理

　　对于简牍而言，通过长期的实践观察与理论论证，保护工作者认为部分降解了的木素分子是造成饱水简牍颜色变深的主要原因，它们中的无色发色基团是导致出土饱水简牍颜色由米黄色的外观转变为黑色的基本原因，而部分重金属离子和紫外线的照射可促进这一进程的发生。

　　简牍在漫长的地下埋藏过程中，其主要的化学成分经历了以千年计的漫长降解过程，各化学成分的耐久性各不相同，降解产物也各异。首先降解的是半纤维素，其次是纤维素和木质素。其中半纤维素和纤维素的终端降解产物为糖类物质，它们都是浅色物质。即使是降解过程中产生的各种形式的羰基和羧基，经紫外线和氧气的作用后也只会形成黄色物质。

木质素的结构相当复杂，存在着许多发色与助色基团，如芳香基、酚羟基、醇羟基、羰基、甲氧基、羧基和共轭双键等，它们中的无色发色基团是导致出土饱水简牍颜色由米黄色的外观转变为黑色的基本原因。简牍埋藏于地下，受到多年地下水及微生物的侵蚀，木质素发生严重降解，生成大量的发色基团。在与空气隔绝时，木质素及其降解产物均为浅黄色物质。而简牍出土后这些发色基团一经与氧气接触，由于受到光照和空气氧化等影响，内部无色的酚类物质被氧化成深色的醌类物质，从而使简牍颜色急剧加深，由原来的米黄色转化为深色。图5－1为木质素氧化变色示意图。由图中可以看出，木素大分子脱甲基后，与氧气发生反应产生醌类化合物而显深色。

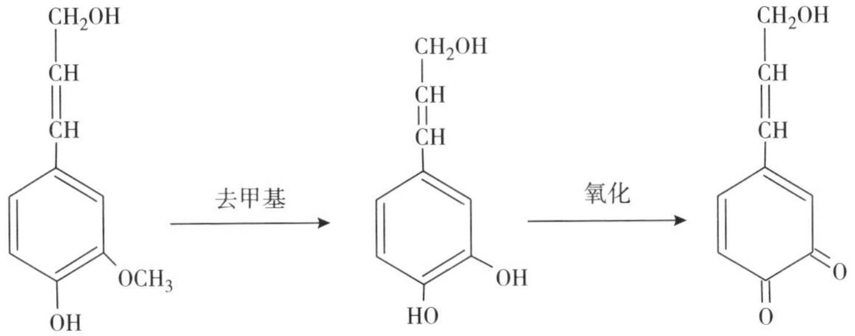

图5－1　木质素氧化变色示意图

2. 铁离子的作用

简牍在地下埋藏数千年，基本上都处于一种饱水的环境，土壤中的Fe^{2+}很容易通过地下水的作用进入到简牍中，从而与木质素中的酚类物质发生络合，生成稳定的无色络合物。由于简牍埋藏数千年，基本上处于一种绝氧的环境，因此刚出土时，简牍仍为鲜艳的米黄色。但出土后与空气接触，在氧气及光照等共同因素作用的结果下，内部的酚类物质被氧化成醌类物质，同时 Fe^{2+} 也迅速被氧化，所生成的 Fe^{3+} 与酚类和醌类物质络合，形成了深色的络合物。从而导致简牍出土后，其颜色从米黄色迅速变为棕褐色。图 5-2 为简牍的铁诱导变色机理示意图。

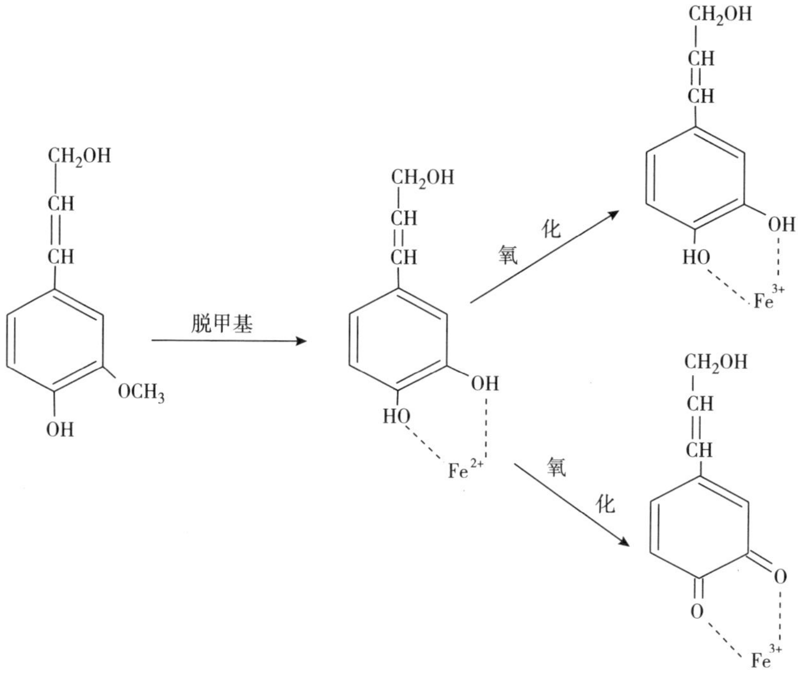

图 5-2　简牍中变色机理示意图

在吴简保护修复工作的同时，研究人员也开展了与保护修复相关的简牍变色理论研究，探索了简牍的颜色变化与其中 Fe^{3+} 含量之间的相关性：一方面采用脱色剂对简牍进行脱色处理，观察在处理过程中 Fe^{3+} 含量的变化；而另一方面，采用模拟显色法，观察 Fe^{3+} 含量的变化对竹木材颜色的影响。研究结果表明，简牍中 Fe^{3+} 的存在对简牍颜色的变化起着非常重要的作用。

综合前面的研究，说明简牍在出土的瞬间，接触空气后，极易由原来的米黄色逐渐变为深褐色。导致这一现象产生的根本原因是有机发色基团与无机金属离子协同作用的结果：即一方面简牍中无色的酚类物质在接触空气后容易被氧化成深色的醌类物质；而另一方面简牍中 Fe^{2+} 在氧气的作用下容易被氧化成为 Fe^{3+}，而 Fe^{3+} 与酚类和醌类物质络合，形成了深色的络合物。

3. 紫外线的影响

简牍保存环境中的紫外线可促进氧化作用的发生，这是导致简牍颜色加深的一个次要原因，图 5-3 表述了木质素中与颜色相关的官能团在紫外线作用下的反应过程。

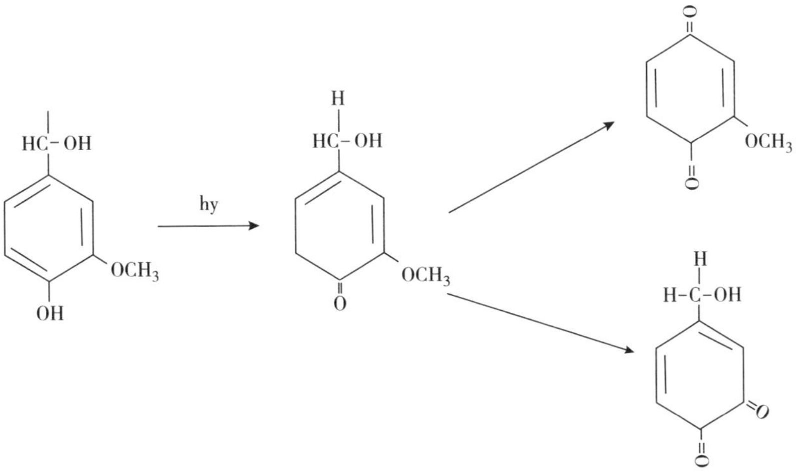

图 5-3　简牍紫外线变色机理示意图

第二节　连二亚硫酸钠脱色机理

1. 连二亚硫酸钠对变色基团的作用

连二亚硫酸钠具有很强的还原性，是一种优良的脱色剂。早在 20 世纪 30 年代初，国外就开始将连二亚硫酸钠用于磨木木浆的脱色。由于其脱色效果好、不损伤纤维，目前已被欧美和日本等国家广泛采用。连二亚硫酸钠脱色主要是通过其对木质素在以下几个方面的作用：减少木质素侧链 α、β 碳位置上末端饱和羧基；还原醌型结构为无色的酚衍生物；还原松伯醛结构及黄酮型的有色成分；破坏异丁香酚和查尔酮环的共轭双键。

　　图 5 - 4 为经不同浓度的 $Na_2S_2O_4$ 溶液处理后竹简的红外光谱图。其光谱吸收主要发生在 1595 ~ 1034cm^{-1} 处，表 5 - 1 列出了竹简的主要红外吸收光谱峰的归属。随着 $Na_2S_2O_4$ 浓度的增加，位于芳香族骨架振动吸收带的吸收峰均逐渐增强（1594.7、1506.8、1460.7 和 1420.7cm^{-1}），表明被测物中苯环骨架结构的含量逐渐增多。此外波数为 1328.4 及 1222.8、1124.8 cm^{-1} 处吸收峰随处理液浓度增大而逐渐增强的变化趋势也说明了被测物中酚羟基及酚类的 C－O 的含量均逐渐增加。以上三组振动吸收带的变化表明，经处理后的竹简中苯环结构、酚类的 OH 和 C－O 的振动吸收均逐渐增强，这足以说明在处理过程中越来越多的醌类物质在被还原成酚类物质。上述结果表明，竹简经过 $Na_2S_2O_4$ 处理后，苯环结构日趋稳定，

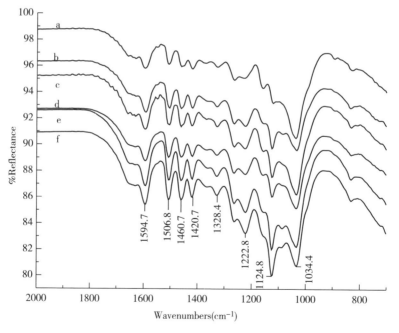

图 5 - 4　不同浓度 $Na_2S_2O_4$ 溶液处理竹简的 ATR - FTIR 谱图

（a）0%，（b）0.1%，（c）0.25%，（d）0.5%，（e）1%，（f）5%

酚羟基的含量逐渐增大，而羰基的含量则逐渐减少。由此证实了木质素中的醌类被还原成为酚类。

表 5 - 1 竹简红外吸收谱峰的归属

吸收峰位（cm⁻¹）	吸收峰归属
1594.7	苯环骨架伸缩振动
1506.8	苯环骨架伸缩振动
1460.7	苯环骨架振动
1420.7	苯环骨架振动
1328.4	C - H O - H 面内弯曲振动
1222.8	木素中酚类的 C - O 伸缩振动
1124.8	木素中酚类的 C - O 的伸缩振动
1034.4	纤维素中 C - O 的伸缩振动

图 5 - 5 为经 5% 浓度的 $Na_2S_2O_4$ 处理不同时间后竹简的 ATR - FTIR 谱图。随着反应时间的增加，其红外吸收峰强度的变化呈现出与图 5 - 4 相似的规律，这进一步证实了随着反应的进行木质素中越来越多的醌被还原成了酚。

此外，研究人员将处理后的竹简磨成粉末，采用 KBr 压片法进行红外表征。图 5 - 6 为经过不同浓度 $Na_2S_2O_4$ 溶液处理后竹简的红外光谱图。与图 13 不同的是，随着反应浓度的增加，竹简的红外吸收峰强度基本不变。由此可以推断，在对竹简进行脱色处理时，$Na_2S_2O_4$ 溶液对竹简的破坏性小，保持了竹简的内部结构。因此 $Na_2S_2O_4$ 的这种非破坏性使得它能更好地应用于饱水竹木质文物的脱色处理中，$Na_2S_2O_4$ 脱色作用方式参见图 5 - 7。

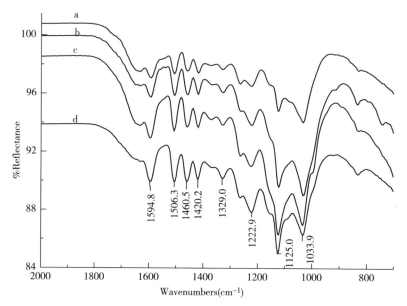

图 5 - 5　竹简在 5% 的 Na₂S₂O₄ 溶液反应不同时间的 ATR - FTIR 谱图

（a）未处理，（b）3h，（c）6h，（d）9h

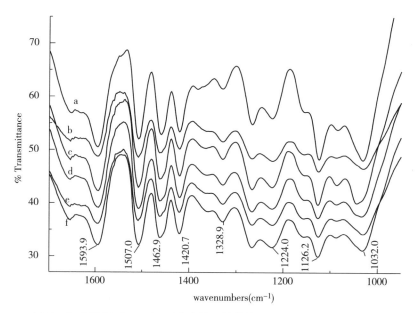

图 5 - 6　不同浓度 Na₂S₂O₄ 溶液处理竹简的 KBr 压片法红外光谱图

（a）0%，（b）0.1%，（c）0.25%，（d）0.5%，（e）1%，（f）5%

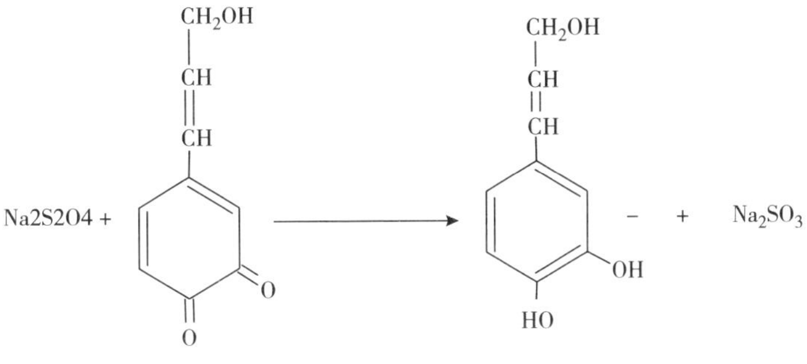

图 5 – 7　$Na_2S_2O_4$ 脱色示意图

2. 连二亚硫酸钠对铁离子的影响

实验中，所采用的 $Na_2S_2O_4$ 溶液浓度从 0% ~ 5% 依次增加。随着处理强度的增强，竹简被脱色的程度也逐渐增加，处理后的竹简颜色依次从棕褐色变为浅褐色，直至最终的棕黄色。而与竹简颜色的变化趋势相反的是，随着 $Na_2S_2O_4$ 溶液浓度的增加，处理后溶液的颜色逐渐加深，由无色依次变为浅黄色。

由于走马楼三国吴简包括竹简和木简，所以试验样品为竹简和木简两类材质的简牍。

实验中，研究人员采用 EDS、XRF 和 AAS 这三种不同的元素定量分析方法，分别对竹简表层、体相与反应后溶液中的铁离子含量进行了定量分析。表 5 – 2a ~ c 为用不同浓度的 $Na_2S_2O_4$ 溶液处理竹简后，铁离子含量变化的分析结果。表 5 – 3a ~ c 为用不同浓度的 $Na_2S_2O_4$ 溶液处理木简后，铁离子含量变化的分析结果。表中可见，随着 $Na_2S_2O_4$ 溶液浓度的增加，竹简本体中 Fe^{3+} 离子含量依次减少，而处理液中被浸出的 Fe^{3+} 离子含量则逐渐增加。

以上结果表明，随着 $Na_2S_2O_4$ 溶液浓度的增加，竹简的脱色效果逐渐增强，而竹简中铁离子的含量则依次减少。这一现象说明，竹简脱色效果的好坏与竹简中铁离子含量的多少有关。

表 5 - 2a　不同浓度 $Na_2S_2O_4$ 溶液处理竹简的 X 射线能谱分析结果

$Na_2S_2O_4$ Weight%	0	0.1	0.25	0.5	1	5
Fe Weight%	6.18	5.88	4.31	3.60	0.86	0.12

表 5 - 2b　不同浓度 $Na_2S_2O_4$ 溶液处理竹简的 XRF 分析结果

$Na_2S_2O_4$ Weight%	0	0.1	0.25	0.5	1	5
Fe Weight%	2.26	1.01	0.777	0.675	0.313	0.179

表 5 - 2c　不同浓度 $Na_2S_2O_4$ 溶液处理竹简的 AAS 分析结果

$Na_2S_2O_4$ Weight%	0	0.1	0.25	0.5	1	5
处理液中 $Fe \times 10^3$ %	0	2.66	5.26	10.2	139.9	169
竹简中 $Fe \times 10^3$ %	116.1	218.1	388.5	127.4	62.7	15.4

表 5 - 3a　不同浓度 $Na_2S_2O_4$ 溶液处理木简的 X 射线能谱分析结果

$Na_2S_2O_4$ Weight%	0.1	1	5
Fe Weight%	0.48	0.17	0.15

表 5 – 3b　不同浓度 $Na_2S_2O_4$ 溶液处理木简的 XRF 分析结果

$Na_2S_2O_4$ Weight%	0	0.5	1
Fe Weight%	1.27	1.01	0.710

表 5 – 3c　不同浓度 $Na_2S_2O_4$ 溶液处理木简的 AAS 分析结果

$Na_2S_2O_4$ Weight%	0	0.1	0.3	0.5	1	5
处理液中 $Fe \times 10^3$ %	0	2.2	57.4	94.3	220.9	285.8

第三节　三国吴简脱色工作

1. 脱色方法的选择

早期饱水竹木器脱色方法源自工业漂白，主要采用低浓度草酸溶液浸泡简牍，后来文保工作者尝试其他的方法，卢衡等选择 PVPP 吸附饱水木器浸泡溶液中的 Fe^{3+}，高峰等尝试将二氧化氯作为饱水木器的脱色试剂。随着时间的推移，连二亚硫酸钠脱色法也逐步得到应用。长沙马王堆汉简、上海博物馆馆藏战国简等均采用的是草酸脱色法。荆门郭店楚简、湖南虎溪山汉简、随州孔家坡汉简等则使用的是连二亚硫酸钠脱色法。

1）选择脱色方法的原则

一般来说，脱色方法的选择应遵从以下脱色工作的要求：

①化学试剂对简牍化学结构相对无损害。

草酸因其酸性而对简牍降解成分有部分溶出作用，这既是草酸具有脱色作用的基本原理，又是草酸对简牍有损害作用的根本原因。因此控制草酸的浓度和作用时间就很有必要，低浓度（3%或5%）草酸水溶液短时间（15分钟）处理对简牍化学结构的损害是轻微的。

连二亚硫酸钠水溶液为中性，其作用原理是还原出土后因空气中氧气的作用而改变了结构的一些化学基团，并使之呈现为无色状态。因此，其本身的作用只是恢复了简牍深埋地下时的化学结构，不会对简牍产生副作用。

过氧化氢对简牍化学结构中导致颜色发黑的结构会产生破坏作用，使之变成可溶于水的结构，由此达到脱色的目的。但过氧化氢的氧化作用很广泛，对那些与简牍颜色变化无关的化学结构也有一定的破坏。因此过氧化氢在简牍脱色中的作用较为有限。

②字迹清晰。

这是简牍脱色的基本要求。简牍表面颜色刚刚出土时很浅，即使后来变深，都可通过脱色而改变。但有些情况下字迹不可能清晰，如：墨迹本身散淡。这种情况可通过红外释读仪及采取黏合修复的措施来提高清晰度。

③无残留。

用于脱色的各种化学试剂在脱色完成后应彻底清除。草酸、连二亚硫酸钠（反应后产物）等都是可溶于水的，它们比较容易从简牍中清除。

④脱色后的相对稳定性。

因摄影、释文和脱水的需要，脱色后的简牍颜色需要保持较长时间的稳定。

简牍经过脱色后存在返色现象。从根本上来看，简牍脱色后的返色是因为简牍中存在的木质素降解产物位移和增加造成的。当简牍与氧气接触不完全和脱色不彻底时，木质素降解产物中的无色发色基团将从简牍的内部向表面位移，与氧气反应后生成深色物质而导致返色。由于简牍在地下的以千年计的化学降解，生成了很多的中间降解产物，虽然脱色时深色物质已被除去，但随着时间的推移，在自然保存条件下仍有导致简牍颜色变深的化学基团生成，因此，简牍的颜色也就不可避免地加深。

2）几种脱色方法的对比应用

从化学脱色材料的选择来说，分为还原试剂和氧化试剂，而氧化试剂对纤维素的破坏作用很明显。目前可运用于饱水简牍脱色的材料不多，主要有草酸、氧化性偏强的过氧化氢、还原性偏强的连二亚硫酸钠等。

取腐朽程度相近的苦竹材质的走马楼饱水竹简四支，每支分为三截，使用下列三种脱色材料分别脱色，温度为常温。结果如表 5－4～6 所示（测色仪：WSL—2）：

表 5－4　使用草酸作为脱色试剂

时间 浓度	30min			1h			4h			24h		
	黄	红	蓝	黄	红	蓝	黄	红	蓝	黄	红	蓝
0.5%	9	5	5.2	9	5	5	9	5	4.9	9	5	4.8
1%	9	5	5	9	5	5	9	5	4.7	9	5	4.5
3%	9	5	5	9	5	4.5	9	5	4.4	9	5	4.3

表 5－5　使用连二亚硫酸钠作为脱色试剂

时间 浓度	30min			1h			4h			24h		
	黄	红	蓝	黄	红	蓝	黄	红	蓝	黄	红	蓝
0.5%	9	5	4	9	5	3.8	9	5	3.8	9	5	3.5
1%	9	5	3.3	9	5	3.2	9	5	3.2	9	5	3.1
2%	9	5	3.2	9	5	3.2	9	5	3.1	9	5	3

表5-6 使用双氧水作为脱色试剂

时间 浓度	30min			1h			4h			24h		
	黄	红	蓝	黄	红	蓝	黄	红	蓝	黄	红	蓝
1%	9	5	6.1	9	5	6	8	5	5.7	8	5	5.5
2.5%	9	5	6	9	5	6	8	5	5.5	8	5	5.4
5%	9	5	6	9	5	6	8	5	5.5	8	5	5
10%	9	5	5.5	9	5	5.3	8	5	5	8	5	4.3

　　另外实验发现无法使用硼氢化钠作为脱色试剂，先尝试用低浓度的硼氢化钠进行脱色，但仍然是有很强的侵蚀作用，即使用0.5%浓度的硼氢化钠脱色，竹简也会在几分钟后变腐松软，漂浮于液面上。

　　传统的草酸脱色方法，其原理在于：草酸水溶液作为一种酸性溶液能部分溶解木质素降解后产生的无色发色基团以及纤维素、半纤维素、单宁降解后产生的可影响颜色的一些化学基团，并可与部分金属离子发生化学反应，生成不溶于水的沉淀物，在一定程度上消除这些金属物质对颜色转化反应的催化作用。因此，在无色发色基团的颜色转化反应发生以前，用草酸处理可达到比较理想的效果，否则，草酸的作用也就比较有限。在实际运用中，竹简经草酸脱色后经常出现返色现象，说明草酸脱色时，竹简已部分发生了颜色反应，但草酸的溶解效应有限，即使草酸可以与铁离子等金属离子反应，但剩余的金属离子仍足以促成竹简颜色反应的发生。

　　图5-8为一根走马楼饱水竹简分为三截，做脱色对比实验后的效果图（草酸3%，30分钟，连二亚硫酸钠1%，30分钟）：黑色的为未脱色、褐色为草酸脱色、黄色为连二亚硫酸钠法脱色。

　　根据几种脱色材料脱色效果的对比，结合简牍脱色的基本要求，工作人员选定连二亚硫酸钠作为脱色的主要材料。

图 5 - 8　三国吴简脱色效果对比图

2. 脱色材料及设备

1）脱色材料

走马楼三国吴简脱色所使用的化学试剂主要有：连二亚硫酸钠、乙二胺四乙酸二钠。

①连二亚硫酸钠（$Na_2S_2O_4$）Sodium dithionite

白色结晶粉末，极易溶于水，不溶于醇，相对密度 2.3~2.4。在水溶液中不稳定，受潮则分解发热并易引起燃烧。加热到 75℃以上分解，放热并放出二氧化硫。具有强还原性，在空气中能被氧化成亚硫酸氢钠和硫酸氢钠，是一种强还原剂。

连二亚硫酸钠的脱色反应：

如反应式所示，$S_2O_4^{2-}$ 中的三价硫被氧化为 HSO_3^- 中的四价硫是它的主要有效化学反应。

$$S_2O_4^{2-} + 2H_2O \longrightarrow 2HSO_3^- + 2H^+$$

连二亚硫酸钠在水介质中极易与空气中的氧发生作用而水解，生成亚硫酸氢钠，在氧气充足的环境下反应产物包括硫酸氢钠。

$$2Na_2S_2O_4 + O_2 + 2H_2O \longrightarrow 4NaHSO_3$$

$$Na_2S_2O_4 + O_2 + H_2O \longrightarrow NaHSO_3 + NaHSO_4$$

某些过渡金属离子和重金属离子的存在会造成和加速连二亚硫酸钠的无效分解反应。其中铁离子（Fe^{2+} 和 Fe^{3+}）的影响最大，铝离子次之。铜、镍、铬和锰等离子对连二亚硫酸钠脱色效果的干扰则较小。在脱色系统中添加螯合剂可以减轻金属离子的不利影响，连二亚硫酸钠脱色常用的螯合剂有乙二胺四乙酸二钠（EDTA－2Na）、二乙撑三胺五乙酸五钠（DT-PA－5Na）、三聚磷酸钠（STPP）、焦亚硫酸钠和柠檬酸盐等。连二亚硫酸钠与木质素的还原反应进行得很快，在60℃下，10分钟内就可大部分完成。它与氧气的分解反应进行得更为迅速，数秒钟就可基本结束。

②乙二胺四乙酸二钠（$C_{10}H_{14}N_2Na_2O_8$）Ethylenediaminetetraacetic acid disodium salt

白色结晶性颗粒或粉末，无臭，无味，易溶于水，微溶于乙醇，不溶于乙醚。2%水溶液 pH 值为 4.7，常温下稳定。常作为螯合剂、防腐剂、抗氧化剂使用。乙二胺四乙酸二钠可与铁、铜、钙、镁等多价离子螯合成稳定的水溶性络合物。

乙二胺四乙酸二钠与 Fe^{3+} 具有很强的螯合作用，能够与竹木器中已经络合的 Fe^{3+} 形成稳定的水溶性螯合物，从而达到有效地脱除竹木器中 Fe^{3+} 的目的。反应示意图见图 5－9。

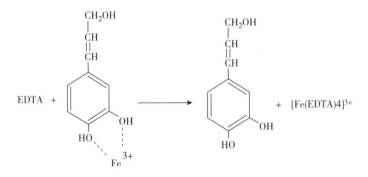

图 5－9　EDTA 的脱色示意图

2）脱色工作中所用设备

走马楼三国吴简脱色所使用的主要设备有：

①自制脱色的塑料盒。

三国吴简第一、第二批次脱色采用的是草酸脱色法，没有使用专门自制的脱色盒。吴简第三批次脱色时，用的是二十枚简一版的脱色盒，竹简无须绑夹，直接放入脱色盒的槽内，但在反复进水出水过程中，容易挪动，受到损伤，见图 5 – 10。其后脱色所用的脱色盒见图 5 – 11，此时单面绑夹简于无机玻璃条上，有字一面朝外，便于脱色液充分反应。

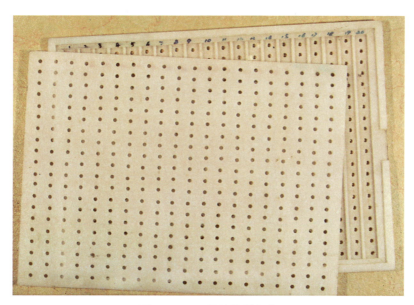

图 5 – 10　三国吴简脱色盒

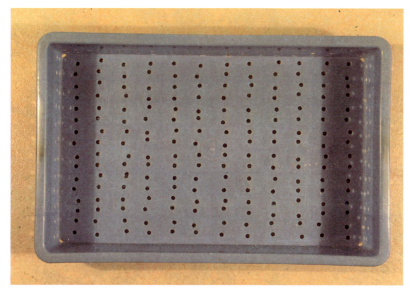

图 5 – 11　三国吴简脱色盒

②恒温烘箱。

吴简脱色过程中所使用的是上海博迅实业有限公司医疗设备厂生产的
GZX-9240MBE 数显不锈钢鼓风干燥箱,见图 5-12。

图 5-12　GZX-9240MBE 数显不锈钢鼓风干燥箱

该型号烘箱的技术参数:电源电压:220V/50Hz;控温范围:室温 +
5℃~250℃;分辨率:1℃;波动度:±1℃;均匀度:±1℃;输入功率:
1500W;内胆尺寸(mm):600×520×700;外形尺寸(mm):890×670×
935。

③通风装置。

将烘箱置于窗户下,烘箱上方的窗户上安装有两台排气扇,吸走烘箱
周围气体(含湿气),以保证室内空气洁净。

④颜色测量仪器。

WSL－2 型比较测色仪（罗维朋比色计）是一种目视颜色测量仪器，它采用的是罗维朋色标度来测量各种物体的色度（表 5－7）。

表 5－7　WSL－2 型比较测色仪技术参数

测量范围：	红色 R0.1～R79.9 罗维朋单位
	黄色 Y0.1～Y79.9 罗维朋单位
	蓝色 B0.1～B49.9 罗维朋单位
	中性灰色 N0.1～N3.9 罗维朋单位
最小读数：	0.1 罗维朋单位
附件：	10mm，25.4mm，133.4mm
白板漫反射率：	>80%

3. 吴简脱色操作流程

吴简脱色的第一、第二批次所用的是草酸脱色法，用 3%～5% 草酸溶液，常温下脱色 5～30 分钟后移交拍照。

连二亚硫酸钠脱色法操作程序：

1）准备工作

①预约时间。由于每次脱色拍照的三国吴简数量庞大，约 7000～12000 枚，脱色拍照所需时间为 20～30 天，且由长沙简牍博物馆、荆州文物保护中心、文物出版社三方合作才能得以完成，所以每次脱色之前，都需三方协调时间安排。

②材料采购。确定好时间后，工作人员就开始采购脱色材料，主要是蒸馏水、分析纯级连二亚硫酸钠等，工作中经常需要补充材料，需安排专人购买。

③设备调试。脱色开始前一个星期，需调试脱色用的烘箱，检查排气扇，若有问题，就马上检修或更换。同时注意及时更换已老化的用于脱色的塑料盒。

④人员培训。先由专业技术人员手把手用一个月时间教会两个技工，

而对于后面的新来人员，用 1 天的时间培训，主要内容是：脱色流程、操作要点、注意事项等，再由技工带领他们执行操作。

2）领简

固定专职人员从简牍博物馆库房保管员处领取饱水吴简，根据走马楼吴简文字整理所需数量、文物出版社拍摄人员和脱色技术人员出差时间的要求，每批次脱色数量大致为 7000～12000 枚。实施脱色前，一般领取数量 1000～4000 枚做预处理，根据工作进度逐渐领取。领简人员要认真核对编号与数量。

3）清洗、绑夹及装盒

领简后开始清洗，由于吴简原来都已清洗过，现在主要是精洗，即对部分原来无法洗去的泥污，由于经过多年水中浸泡而松动，一般可以清洗掉。

精洗后的竹简和其他无须再清洗的竹简都由原来的无机玻璃双面绑夹改为字迹一面朝外的单面绑。2003 年 7 月 15 日～8 月 10 日第 3 批脱色的简因使用特制的脱色槽，直接把单根简放入槽内即可，没有专门的绑夹过程，后来的吴简脱色全部改为单面绑。

绑夹后，一般按 30 枚或 40 枚一盒的标准将吴简装进脱色盒，以备脱色用。

4）档案资料收集

由于需脱色的吴简数量太多、糟朽严重，在尺寸、质量、颜色的测量时会造成对简的损伤，即使按 1% 的比例推算，也会造成很大的损失。考虑到该批简出自同一口井，质地、糟朽状况、颜色相对接近，尺寸、质量放在以后的脱水过程中记录更好，所以工作人员随机挑选部分简做脱色颜色记录，并拍摄照片。

5）预处理

将一定数量吴简（一般 30 枚或 40 枚）装入一个脱色盒。在第三批次脱色期间，使用的是特制塑料脱色盒，吴简未绑夹直接放入脱色盒，由于有的吴简又薄又小，在脱色操作中会随水流漂移到其他简的槽内，造成编号混乱，并可能引起简的损伤，而且大大降低了工作效率，所以在后面的脱色工作中就放弃了这个操作方法，而将单面绑夹的吴简装入特制的脱色盒内，脱色盒由普通的塑料盒底部打眼改装而成。

将特制的脱色槽或脱色盒放入 1% 浓度的 EDTA 二钠水溶液中，24 小时后取出，放入蒸馏水中，待脱色。

对于颜色过深的吴简，EDTA 二钠水溶液浓度可增至 2%，浸泡时间也相应增加，可增至 72 小时。

6）脱色

每天早上 6：00 开始，将约 12 千克的蒸馏水加热至约 60℃，用该温度的蒸馏水配制 1% 浓度的连二亚硫酸钠溶液，将经过预处理了的三国吴简放入药水中，保温 45～50℃，时间为 20～40 分钟，对于颜色过深的吴简，脱色液浓度可增加一倍，保温脱色时间可延长至 60 分钟。待字迹清晰时取出，放入蒸馏水中。

7）后处理

将已脱色的吴简放在蒸馏水中浸泡 2 遍，每次约 30 分钟。对于拍照过后进入简牍库房的简，第二天全部更换蒸馏水一次，第四天再更换蒸馏水一次。然后进入正常的饱水保存期。

8）档案资料收集

对脱色前做过颜色测量的简在相同部位再次进行颜色测量并拍摄照片。

9）移交拍照

将经过后处理的脱色简移交给简牍博物馆有关人员用于出版拍照。

4. 吴简脱色工作情况

三国吴简的脱色工作从 1997 年 6 月开始至 2008 年 11 月第 10 批次脱色工作彻底结束，前后共进行了 10 批次的脱色处理工作。脱色工作达到 2002 年《走马楼三国吴简科技保护方案》既定的保护修复技术指标，实现了方案规定的工作责任目标。三国吴简都已脱色拍照，字迹清晰，符合简牍出版要求。到 2009 年，已正式出版走马楼三国吴简四卷，共收录竹简

20850 枚，大木简 2480 枚。

三国吴简脱色工作量大，包括无字简在内的吴简实际脱色数量约为 10 万枚，其中脱色有字吴简 76463 枚，大木简 2480 枚，小木简、木牍、签牌 441 枚，竹简 73631 枚。

1996 年走马楼三国吴简的出土引起了国家文物局的高度重视，成立了以胡继高先生领衔的科技保护工作组。从 1997 年开始，第 1 批次脱色的是大木简，从 1997 年 6 月 17 日开始到同年 6 月 26 日，采用 5% 浓度的草酸水溶液，15 ~ 30 分钟常温脱色，共完成了 2480 枚大木简的脱色。2000 年 4 月 21 日到同年 5 月 24 日，与大木简的脱色方法一样，完成了 1 ~ 10545 号共 10545 枚竹简的脱色。

2002 年方北松等制定的《走马楼三国吴简科技保护方案》获国家文物局组织的专家评审会议审批同意，研究人员决定据此采用连二亚硫酸钠法作为走马楼三国吴简的后续脱色方法。后续脱色从 2003 年开始，全部采用连二亚硫酸钠法。

方案规划至 2006 年完成 6 万枚吴简的脱色，至 2012 年完成全部的吴简脱色。实际上，工作人员于 2005 年底完成了 6 万余枚吴简的脱色，至 2008 年底就全部完成了走马楼三国吴简的脱色。

接受走马楼三国吴简的脱色任务后，相关单位开始了工作人员的招聘。针对脱色工作的特点，首先要求的是被招聘人员的忠诚可靠，因为吴简是国家珍贵的文化遗产，必须要求工作人员遵纪守法，警惕性高；其次要求被招聘人员有最基本的数理化知识，能按章操作。在招聘到合适的工作人员后，最重要的工作是人员培训。相关单位采取以实践操作培训为主，理论教育为辅的办法。其实，在走马楼三国吴简脱色工作开始前，相关单位已经通过此前的里耶秦简脱色工作培训了有关技术人员，大约用一个月的时间通过一批次的秦简脱色，可以使技术工人掌握脱色技术流程，尤其是脱色温度、时间的掌握，以及对于颜色的观察技巧。走马楼吴简脱色工作开始后，只需进行简单的操作培训即可胜任新的工作，后续招聘人员的培训相对简单，开始时其岗位分工可安排为绑简、换水、移交简等技术性较低的工作岗位，待工作时间半年以后再根据具体情况，开始其他岗位的工作。

　　脱色时间的选择首先是按照《三国吴简科技保护方案》来确定脱色工作的时间框架，再根据三国吴简古文字研究和出版进度来确定每批次的脱色数量和大致时间，具体时间则由三家合作单位有关人员的时间来定。

　　进行脱色工作时，除了脱色工作的一整套技术操作流程外，与之相对应的还有吴简出库、脱色后的排版、拍照、入库等工作流程。所有流程的关键环节都有专人负责，投入人力一般为 15 人左右，2003 年第 3 批次脱色拍照所用人员最多，其后人员有所减少。其中在脱色流程上，2003 ~ 2005 年投入 7~8 人，2008 年为 4 人。

　　从脱色效果来看，吴简从黑褐色转变为米黄色，与简牍刚出土时的颜色一致，与春天的竹笋颜色也接近，对于衬托简牍上的墨书文字非常有利。对于按普通脱色程序而颜色难以还原的简牍，在领简后首先分类，此类吴简脱色前，颜色为深黑色，一般又宽又厚，材质为刚竹质地。工作人员采取延长各步骤的处理时间，增加脱色试剂浓度的办法，可以比较好地解决脱色后简面颜色过深的问题。

　　脱色时的工作是从每天早上 6：00 开始，晚上 6：00 结束。一批批技术工人为此付出了常人难以想象的艰巨劳动。

表 5 - 8　三国吴简脱色统计表

移交号／时间	领出简的情况（编号及数量）	脱色批次编号	回交简（编号及数量）	备注
1997 年 6 月 17 日 ~ 1997 年 6 月 26 日	2480 枚大木简	1		
2000 年 4 月 21 日 ~ 2000 年 5 月 24 日	1 ~ 10545	2	1 ~ 10545	
2003 年 7 月 15 日 ~ 8 月 10 日	10546 ~ 22281	3	10546 ~ 22281	10546 以后的竹简是先脱色再给编号

移交号 时间	领出简的情况 （编号及数量）	脱色批 次编号	回交简 （编号及数量）	备注
2004 年 4 月 11 日～ 5 月 29 日	22282～38623	4	22282～38623	其中 28051～30000 为 空号，此编号段无简
2004 年 10 月 29 日～ 11 月 26 日	38624～51059	5	38624～51059	
		6		
2005 年 4 月 20 日～ 5 月 21 日	51060～61358	7	51060～61358	
2005 年 9 月 14 日～ 10 月 20 日	61359～67850	8	61359～67850	中途 9 月 22 日至 10 月 13 日脱色工作暂停
2008 年 6 月 16 日～ 6 月 28 日	70001～77610	9	70001～77610	其中 67851～70000 为 空号，这段编号无简。 脱水简的编号情况与 此相同
2008 年 11 月 16 日	77611～77731	10	77611～77731	
备注	编号 1～77731 内的全为竹简。另小木简、木牍、签牌的数量 为 441，是混入平常脱色中完成的。1997 年脱色的 2480 枚是 大木简。			

5. 吴简脱色示例

1）第三批次脱色的走马楼三国吴简精洗后直接放入二十枚简一版的特制脱色槽中，见图 5 -13。

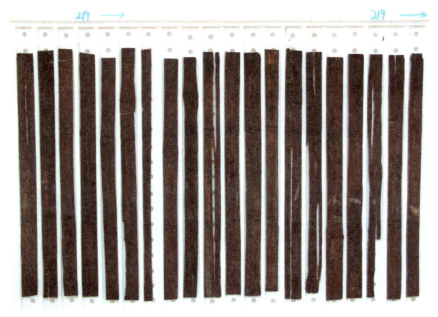

图 5 – 13a 脱色前

图 5 – 13b 脱色后

2）竹简 30 − 27 − 38（此号码为揭剥号）脱色前后对比情况参见图 5 − 14 和表 5 − 9。

图 5 − 14a　脱色前

图 5 − 14b　脱色后

表 5 – 9　颜色记录

编号	脱色前			脱色后		
	黄	红	蓝	黄	红	蓝
1	10	5	6.5	9	4	2.8
2	10	5	6.7	9	4	3.3
3	10	5	6.6	9	4	3
4	10	5	6.6	9	4	3
5	10	5	6.7	9	4	2.7
6	10	5	6.4	9	4	2.7
7	10	5	6.5	9	4	2.7
备注	30—27—38 此为揭剥时的编号。后面编号情况类似					

3）竹简 16 – 18 – 1 脱色前后对比情况参见表 5 – 10 和图 5 – 15。

表 5 – 10　颜色记录

编号	脱色前			脱色后		
	黄	红	蓝	黄	红	蓝
1	10	5	5.7	9	4	2
2	10	5	5.6	9	4	2
3	10	5	5.5	9	4	2
4	10	5	5.6	9	4	2
备注	1~4 号的编号为数码照片中的从左至右顺序					

图 5 - 15a　脱色前　　　　　　　　　　图 5 - 15b　脱色后

4）竹简 16－18－8（此号码为揭剥号）脱色前后对比情况。见图 5－16 和表 5－11。

图 5－16a　脱色前　　　　　　　　图 5－16b　脱色后

表 5 – 11 颜色记录

编号	脱色前			脱色后		
	黄	红	蓝	黄	红	蓝
1	10	5	4.8	9	4	2
2	10	5	4.9	9	4	2
3	10	5	5.3	9	4	2
4	10	5	5	9	4	2

5）竹简 53492～53495 脱色前后对比情况参见表 5 – 12 和图 5 – 17。

表 5 – 12 颜色记录

编号	脱色前			脱色后		
	黄	红	蓝	黄	红	蓝
53492	10	5	7	10	5	3
53493	10	5	6.8	10	5	2.5
53494	10	5	6.9	10	5	2.9
53495	10	5	6.9	10	5	2.7

图 5 – 17a 脱色前　　　　　　　　　　图 5 – 17b 脱色后

6）竹简 81702~81707 脱色前后对比情况。见图 5 – 18 和表 5 – 13。

图 5 – 18a　脱色前

图 5 – 18b　脱色后

表 5 − 13　颜色记录

编号	脱色前			脱色后		
	黄	红	蓝	黄	红	蓝
81702	10	5	6	10	5	3.3
81703	10	5	6.2	10	5	3
81704	10	5	7.1	10	5	3.6
81705	10	5	7	10	5	3.5
81706	10	5	6.8	10	5	2.9
81707	10	5	7	10	5	4

7）木简 27 号脱色前后对比情况参见图 5 − 19。

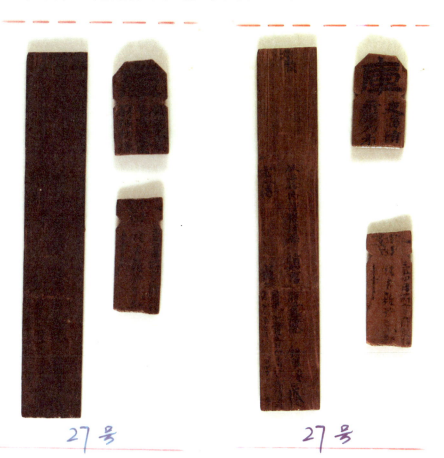

图 5 − 19a　脱色前　　　　　　　　　　图 5 − 19b　脱色后

第六章　走马楼三国吴简的脱水

饱水简牍在经过了以千年计的地下埋藏过程后,其主要化学成分都已发生严重的降解,给人直观感觉为海绵状。在自然干燥的情况下,绝大多数会发生明显的收缩。饱水简牍出土后,由于原来深埋地下或水下的相对稳定的保存环境被打破,在氧气、水分、微生物等影响因子的协同作用下,纤维素和木质素的降解大大加快了。因此,饱水简牍的脱水定型工作对于其长久保存非常重要。

第一节　饱水简牍降解机理及吴简保存现状

1. 饱水简牍的降解机理

简牍的主要化学成分是纤维素和木质素,在各种因素作用下,主要发生以下变化:

1) 纤维素在酸性条件下,会发生如下水解反应:

$$(C_6H_{10}O_5)\ n \rightarrow nC_6H_{10}O_5$$

水解初期可以得到水解纤维素,最终为葡萄糖。但纤维素对常温下的稀碱溶液表现出较高的稳定性,而在高浓度的碱溶液中转化为碱性纤维素。

2) 纤维素葡萄糖基的 C_2、C_3 和 C_6 上的醇羟基受到氧化作用时,可生成醛基、酮基或羧基,形成氧化纤维素,从而会造成纤维素聚合度的降低,并使纤维素对外界环境更为敏感。木素比纤维素更易于氧化,即使温和的氧化剂,在对纤维素不起作用的情况下,也可能使木素发生氧化反应，产生气体及可溶物。

3）纤维素在光的长期作用下可发生降解。光波长度愈短，光作用的强度愈大，则纤维素的降解也愈剧烈。紫外线的降解作用比普通光线的作用大得多。在光的作用下还伴随着氧化作用。

4）饱水简牍易受微生物影响，主要是真菌中的担子菌类（Basis dio-myceter）。饱水简牍的腐朽大致分两类，其一为褐腐病：碳水化合物被真菌破坏；其二为白腐病：碳水化合物与木质素均被破坏。

5）相对于纤维素而言，木质素易于被氧化。在强烈或长时间的氧化条件下，木质素降解后生成各种低级脂肪酸及碳酸等。

6）木质素对光不是很稳定，其在空气中的光解是一个游离基反应，先生成苯氧游离基，再生成过氧游离基，最后生成氢过氧化物及木质素游离基：

$$L \rightarrow L_* （激发态）\rightarrow L.$$

$$L. + O_2 \rightarrow L—OO.$$

$$L—OO. + L—H \rightarrow L—OOH + L.$$

式中 L 代表木质素。

2. 吴简微观形貌分析

相对于新竹而言，走马楼三国吴简的化学结构发生了严重降解，天然竹纤维纵向表面光滑、粗细均匀、结构紧密。而由于受地下环境作用和微生物侵蚀，走马楼三国吴简表面粗糙、内部结构疏松、无纤维束状结构，已经发生明显的降解。显示降解状况的电镜图片参见三国吴简病害分析部分。

3. 晶型结构分析

木材学认为，纤维素以结晶相和无定形相两种结构共存。在结晶区内，纤维素分子的排列呈现一定的规则性，具有较高的结晶度，能获得明显尖锐的 X 射线衍射吸收峰（图 6 - 1a）。图中纤维素的衍射角 2θ 分别为 16.1°、22.1° 和 34.6°，表明其以典型的纤维素 I 型结晶结构存在。

简牍在经过 2000 多年的降解之后，纤维素含量减少，聚合度下降，晶体与原纤受破坏，致使结晶度降低，内部基本为无定型区域，其 X - 射线衍射吸收峰为一非晶包（图 6 – 1b）。

纤维素的结晶度即结晶区占纤维素整体的百分率，可通过结晶峰面积和整个衍射曲线扣除背底之间的面积比计算获得。经计算可得，天然竹的结晶度为 72.6%，而竹简的结晶度仅为 21.3%（表 6 – 1）。

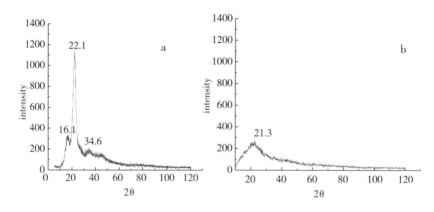

图 6 – 1　X 射线衍射分析结果　a. 天然竹，b. 竹简

表 6 – 1　竹简的 X 射线衍射分析

	$2\theta/°$	峰强度（Ip）	背景强度（Ig）	结晶度% （$Ip - Ig$）/$Ip \times 100\%$
新竹	22.1	1148.1	314.6	72.6
吴简	21.3	258.4	203.4	21.3

可见，饱水简牍的主要构成成分已发生严重降解，使其外观表现为极其糟朽。为使其在脱水后能保持形状，除少数杉木质地的简牍外，基本上都需要填充适当的化学材料以保持其外形。

第二节　乙醇—十六醇填充脱水法分析

1. 填充机理

由于走马楼吴简处于饱水状态，可首先使用梯级浓度乙醇逐步置换简牍内的水分，直至简牍内的水分被基本置换完全，再用十六醇梯级置换简牍内的乙醇，直到乙醇基本被置换完全，这样在简牍内留下稳定的固体态十六醇，可达到饱水简牍脱水的目的。

2. 脱水结果分析

1）填充量

十六醇填充量测试：取已脱水的走马楼竹简中间部分，称重 0.812g，使用乙醇多次溶出十六醇后为竹简本体，重 0.266g。填充的十六醇量/竹简本体重量 ×100% ＝205%。这也说明了十六醇的填充对于保持走马楼竹简外形的重要意义。

2）微观形貌

饱水简牍经十六醇填充法脱水后，十六醇大量留存于简牍的微观结构中。通过电子显微镜可清楚观察到十六醇在其中的分布，见图 6 - 2。

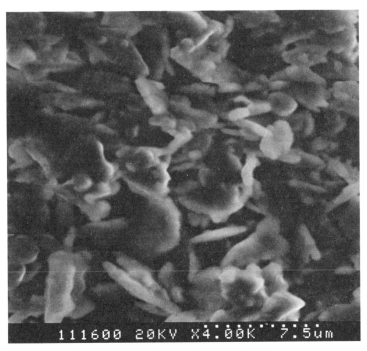

图 6 - 2　填充在竹简内的十六醇

3）红外分析

走马楼竹简经十六醇填充脱水后简内填充物的红外光谱图（图6-3）：

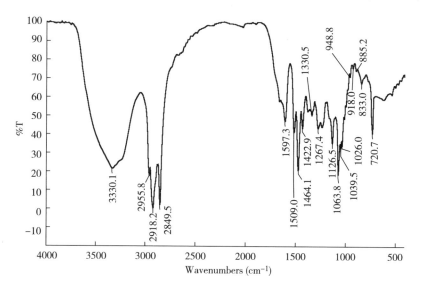

图6-3　三国吴简脱水填充物红外光谱图

十六醇的标准红外光谱图（图6-4）：

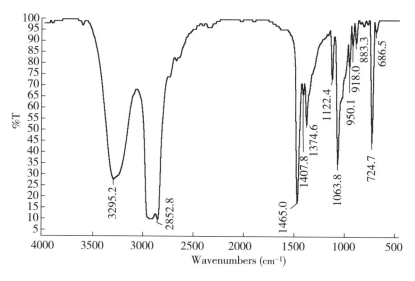

图6-4　十六醇红外光谱图

两个光谱图的特征峰是一致的：

①1465 cm^{-1}　1407 cm^{-1}　1374 cm^{-1}均为长链醇的 C – H 峰

②1063 cm^{-1}　长链醇的 O – H 峰

③724 cm^{-1}　长链醇的（CH$_2$）n$_{\geqslant 4}$峰

说明存留于走马楼三国吴简内的是十六醇，十六醇在填充过程中未发生化学反应。

4）脱水前后的抗张强度

比较使用十六醇脱水前后简牍的抗张强度，通过 WLD – 300 卧式抗张强度测定仪测量，实验结果发现脱水后简牍抗张强度为原来吴简的919%。说明经十六醇填充脱水后，简牍的力学强度有了大幅度提高，这一特性为极其糟朽简牍的长期保存提供了基本的力学支撑。

测量值见下表：

表 6 – 2　简牍脱水前后的抗张强度

样品描述	编号	测试结果（kN/m）	样品材质
走马楼吴简（饱水）	1	0.17	苦竹
	2	0.20	刚竹
走马楼吴简（十六醇脱水后）	3	1.67	苦竹
	4	1.73	刚竹
	5	1.6	苦竹

备注：检验方法标准—GB/T453 – 2002。检测单位—湖北省造纸质量监督检验站。

第三节　三国吴简脱水工作

1. 脱水方法的选择

到 20 世纪 70 年代，饱水竹木器的醇—醚—树脂脱水方法在世界各地都有不同程度的进展。1972 年至 1973 年湖北省博物馆实验室在对望山一号楚墓进行脱水时使用了乙醇—乙醚法；1975 年胡继高先生使用乙醇—乙

醚—填充物法对银雀山、马王堆、阜阳等地出土的竹简进行了脱水；1975
年至1985年荆州博物馆吴顺清先生采用类似方法完成了江陵凤凰山汉墓竹
简脱水；70年代后期，日本学者主要是采取乙醇—二甲苯—树脂（B72）
方法。进入90年代后，岗田文男对甲醇—高级醇脱水方法做了深入研究，
并在日本应用于饱水木器的脱水研究。90年代前期中国文物研究所胡继
高、赵桂芳对张家山竹简也采取乙醇—乙醚的脱水方法；英国雯都兰达出
土古罗马时期的木牍后，英国文物保护专家采取甲醇—乙醚连浸法脱水了
数以千计的饱水木牍。90年代中后期上海博物馆陈元生先生、谢玉林女士
使用乙二醛真空冷冻升华法对上博楚简进行了脱水处理；2000年荆州文物
保护中心吴顺清先生使用乙二醛法对馆藏简牍进行脱水，方北松先生使用
乙醇—十六醇法对馆藏简牍做脱水处理。这些简牍的脱水工作都取得了成
功，为走马楼三国吴简的保护提供了很好的借鉴。

　　饱水木漆器的脱水方法，从最原始的自然干燥法，到使用各种化学、
物理及生物技术而开发出的脱水方法，种类有很多，可罗列的有：明矾填
充脱水法、聚乙二醇（PEG）填充脱水法、蔗糖及糖醇类材料填充脱水
法、乙二醛填充脱水法、真空冷冻干燥脱水法、醇—醚连浸脱水法（高级
醇填充脱水法）、真空加热干燥脱水法。研究人员根据几种主要脱水方法
的特性，有针对性地运用于走马楼三国吴简的脱水试验，几种脱水方法的
应用对比：

　　WSL－2比较测色仪，XMTA－7000P电热鼓风干燥箱，自制恒温烘
箱，外径千分尺。

　　$C_2H_2O_2$（AR，上海试剂三厂）

　　$CH_3（CH_2）_{14}CH_2OH$（CP，国药集团化学试剂公司）

　　乳香胶（希腊产）

　　白砂糖（市售）

　　PEG4000（AR，国药集团化学试剂公司）

　　1）自然干燥法

　　任选走马楼三国吴简饱水无字竹简三支做自然干燥实验（温度20℃，
相对湿度75%，时间：干燥至重量稳定），见表6－3：

表 6-3　走马楼三国吴简饱水竹简自然干燥数据

编号	脱水前			自然干燥脱水后		
	重量	长	宽	重量	长	宽
1	1.3g	6.9cm	1.144cm	0.2g	5.1cm	0.5520cm
2	1.1g	5.6cm	1.335cm	0.2g	4.2cm	0.5106cm
3	0.9g	10.1cm	0.643cm	0.3g	8.7cm	0.4800cm

备注：平均相对含水率—471%。自然干燥后长度平均收缩率—20.4%。自然干燥后宽度平均收缩率—50.6%。

结论：对于走马楼饱水竹简而言，自然干燥法无法应用于其脱水。但对于走马楼木简而言，由于走马楼木简基本上是杉木质地，所以可采取自然干燥脱水处理。

2）乙醇—乙醚—乳香胶脱水法

取三支脱色后的饱水吴简，采用乙醇—乙醚—乳香胶法脱水。用乳香胶作为填充剂。脱水前后的对比照片见图 6-5，脱水前后实验的基本数据见表 6-4。

表 6-4　饱水竹简经乳香胶填充脱水前后的有关数据

编号	脱水前						脱水后					
	长 (cm)	宽 (cm)	重 (g)	颜色			长 (cm)	宽 (cm)	重 (g)	颜色		
				黄	红	蓝				黄	红	蓝
1	8.9	0.524	0.7	9	4	2.2	8.7	0.374	0.3	9	5	7.2
2	8.4	0.514	0.8	9	4	2.1	8.1	0.489	0.4	7	3	3.5
3	7.4	0.523	0.8	9	4	2.3	7.2	0.502	0.3	7	4	3.6

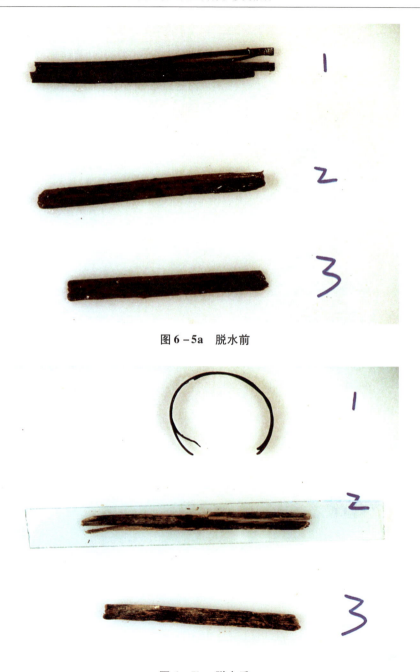

图 6－5a　脱水前

图 6－5b　脱水后

注：1 号样品使用的乳香胶浓度为 20％，而 2、3 号使用的乳香胶浓度为 40％。

3）乙醇—高级醇法

取三支脱色后的饱水吴简，采用乙醇—十六醇法做脱水实验。十六醇浓度起始为20%，最终为100%。脱水前后的对比照片见图6-6，脱水前后实验的基本数据见表6-5。

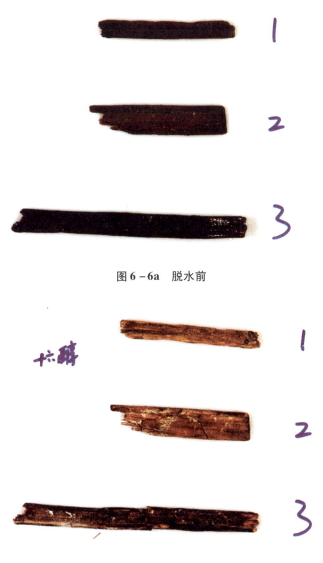

图6-6a　脱水前

图6-6b　脱水后

表 6 – 5　饱水竹简经十六醇填充脱水前后的有关数据

编号	脱水前						脱水后					
	长 (cm)	宽 (cm)	重 (g)	颜色			长 (cm)	宽 (cm)	重 (g)	颜色		
				黄	红	蓝				黄	红	蓝
1	5.4	0.708	0.5	9	4	2.1	5.4	0.698	0.2	3	2	1
2	5.4	1.133	0.9	9	4	2	5.4	1.121	0.4	3	4	1
3	9.3	0.926	1.2	9	4	6.6	9.1	0.912	0.5	8	2	5.2

4）PEG 填充脱水法

取三支已脱色的饱水吴简，采用 PEG4000 脱水法做脱水实验。PEG4000 浓度最终达到 80%。脱水前后的对比照片见图 6 – 7，脱水前后实验的基本数据见表 6 – 6。

表 6 – 6　饱水竹简经 PEG4000 填充脱水前后的有关数据

编号	脱水前						脱水后					
	长 (cm)	宽 (cm)	重 (g)	颜色			长 (cm)	宽 (cm)	重 (g)	颜色		
				黄	红	蓝				黄	红	蓝
1	6.9	0.533	0.9	9	4	2	6.9	0.533	0.7	9	5	5.8
2	6.2	0.536	0.6	9	4	2.2	6.2	0.536	0.5	9	5	6.9
3	9.5	0.536	0.8	9	4	2.2	9.5	0.534	0.6	9	5	6.5

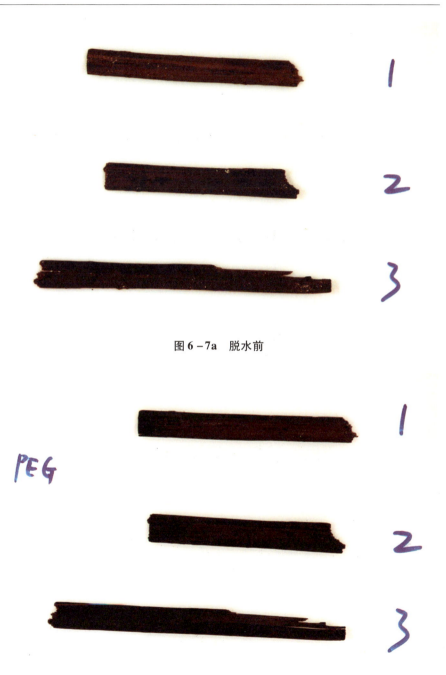

图 6 − 7a　脱水前

图 6 − 7b　脱水后

5）乙二醛填充脱水法

取三支已脱色的饱水吴简，采用乙二醛填充脱水法做脱水实验。脱水前后的对比照片见图6-8，脱水前后实验的基本数据见表6-7。

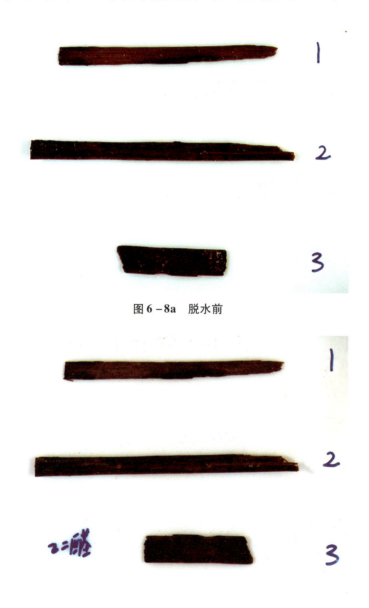

图6-8a　脱水前

图6-8b　脱水后

表 6 - 7　饱水竹简经乙二醛填充脱水前后的有关数据

编号	脱水前						脱水后					
	长 (cm)	宽 (cm)	重 (g)	颜色			长 (cm)	宽 (cm)	重 (g)	颜色		
				黄	红	蓝				黄	红	蓝
1	9.1	0.529	0.9	9	4	2	9.1	0.526	0.7	9	4	3.5
2	10.8	0.539	1.4	9	4	2.3	10.6	0.533	1.1	9	4	3.9
3	4.4	1.231	1	9	4	2.6	4.4	1.222	0.8	9	4	4

6）蔗糖填充脱水法

取三支已脱色的饱水吴简，采用蔗糖法做脱水实验。蔗糖浓度最终达到60%。脱水前后的对比照片见图6－9，脱水前后实验的基本数据见表6－8。

表 6 - 8　饱水竹简经蔗糖填充脱水前后的有关数据

编号	脱水前						脱水后					
	长 (cm)	宽 (cm)	重 (g)	颜色			长 (cm)	宽 (cm)	重 (g)	颜色		
				黄	红	蓝				黄	红	蓝
1	4.4	0.902	0.5	9	4	2	4.4	0.900	0.4	9	5	6
2	6.4	0.932	0.9	9	4	2.2	6.3	0.926	0.7	9	5	6.3
3	7.3	0.569	0.5	9	4	2.4	7.2	0.558	0.4	9	5	6.9

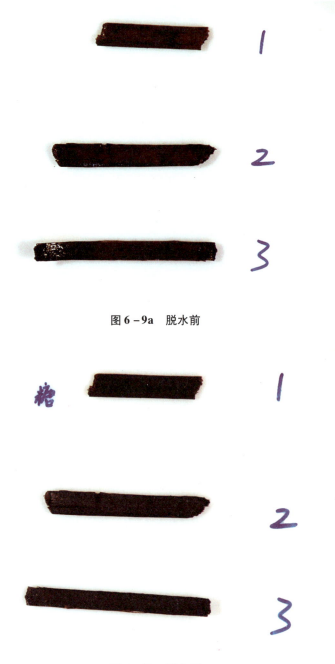

图 6 –9a　脱水前

图 6 –9b　脱水后

一般来说，脱水方法的选择应遵从以下脱水工作的要求：

①字迹清晰。

这是简牍脱水处理与其他漆木竹器脱水处理的重要区别。唯有如此才能为以后长期的古文字研究提供最真实的实物资料。这就要求简牍脱水后竹材底色浅，能充分衬托墨迹。

②低收缩率。

一般而言，简牍脱水后的收缩率应在5%之内，最好能达到3%之内。这样，简牍上的文字就不会变形，不会发生因变形而产生的辨识错误和困难。

③长期稳定。

无论脱水时选用何种材料填充，都应具有良好的耐候性。即使不使用任何填充材料，也要尽可能保证脱水后木质的稳定。

④方法重复处理性。

科学的发展永无止境，简牍脱水方法的发展也是如此。一个好的脱水方法必须为未来的重新处理留有余地。

选用乳香胶作为填充试剂，部分竹简表面颜色偏暗，调整颜色操作难度大，且垂直于竹纤维方向的收缩率也较大；选用PEG作为脱水填充试剂，竹简表面颜色偏黑，字迹无法识辨；选用乙二醛作为填充试剂，由于南方空气湿度大，在大气环境中竹简吸湿后颜色会略暗，在采取表面处理后，对将来保存环境中湿度的要求偏高；选用糖类作为填充试剂，竹简表面颜色偏黑，字迹无法识辨。而选用十六醇作为填充试剂则可基本符合前述三大基本条件。据此研究人员选择了乙醇—十六醇法作为饱水简牍脱水的新方法，其他各脱水方法可通过改进或许能够适用于饱水简牍的脱水。

2. 脱水材料及设备

1）脱水材料

走马楼三国吴简脱水所使用的化学试剂主要有：乙醇、十六醇。

①乙醇：分子式C_2H_6O，无色透明，具有特殊香味的液体（易挥发），

是一种重要的溶剂，能溶解多种有机物和无机物。相对分子量46.07，相对密度0.79g/cm³（20/4℃），沸点78.3℃，引燃温度363℃，爆炸上限%（V/V）19.0；爆炸下限%（V/V）3.3。与水混溶，也可混溶于醚、氯仿、甘油等多数有机溶剂。

②十六醇也称鲸腊醇或棕榈醇（Hexadecanol，n‐Cetyl alcohol，Palmityl alcohol），分子式为$CH_3（CH_2）_{14}CH_2OH$，分子量242.45。十六醇为白色结晶，能与醇、醚和三氯甲烷相混溶，不溶于水。其熔点为49℃，沸点为344℃，比重为0.798。

高级醇因烷基对整个分子的影响越来越大，相对于低级醇而言，其性质与高级烷烃更为接近。烷烃具有极大的化学稳定性，与强酸、强碱及常用的氧化剂、还原剂都不发生化学反应。

十六醇极其稳定的化学特性是选择它作为饱水简牍脱水填充材料的重要原因。

在日常生活中，人们很少与十六醇接触，但通常能与石蜡接触，而十六醇与石蜡的化学特性比较接近。通过对石蜡的直观了解，也就大致知道了十六醇的高稳定性和防水性。

石蜡外观为白色或淡黄色的结晶体，其化学组成为多种烷烃的混合物，其中直链烷烃正构型烷烃占多数（60%以上），少数是异构烷烃（约20%~30%）和环烷烃（少于10%）。石蜡无确定的分子式，分子式通式为C_nH_{2n+2}，式中碳原子数n=17‐36，n越大，石蜡的熔点越高。石蜡的熔点在52~70℃，相对密度为0.86~0.94，分子量约为240~450。如果石蜡中含有油质会降低其熔点及使用性能。石蜡的化学活性较低，呈中性，化学性质稳定，在通常条件下不与酸（除硝酸外）和碱性溶液发生作用。石蜡在140℃以下不容易分解碳化，且具有一定的强度和良好的塑性，不易开裂。但石蜡的软化点低（约30℃），凝固收缩大，表面硬度小。有时为防止臭氧对橡胶的破坏，可在橡胶表面涂布蜡保护层，因为蜡不与臭氧反应。

选择十六醇作为饱水简牍脱水填充材料，原因有以下几点：

①化学性质高度稳定性。这对于简牍这类珍贵而脆弱的文物而言，填

充材料化学特性的高度稳定是十分必要的。

②十六醇的憎水性。简牍脱水后不再吸水，水分无法再次进入简牍内部，大大提高了简牍的保存寿命。由于不存在吸湿返潮的现象，也就能保证脱水后简牍颜色的稳定。

③作为脱水填充材料，即使十六醇发生降解，由于其结构简单，分子量小，降解后的产物也很简单，且可预期，同时具有可重复操作性。随着科技的发展，未来采用更好的技术来保护简牍时，填充在简牍内的十六醇就不会成为障碍。

④十六醇的颜色为纯白色，脱水后简牍表面色泽柔和，能充分保证简牍字迹清晰。

⑤收缩率低，脱水后简牍外形稳定。

⑥十六醇本身对人体无毒，可直接接触。

2）走马楼三国吴简脱水所使用的主要设备

①自制恒温烘箱。

由于乙醇—十六醇脱水对烘箱的密封性能要求高，且箱体要比较大。工作人员就自制了如下图的烘箱，内胆全密封，以保证对乙醇溶液加热时的绝对安全，见图6-10。

图6-10　自制恒温烘箱

该烘箱的技术参数：

电源电压：220V/50Hz；控温范围：室温＋5℃－100℃；波动范围±2℃；输入功率：200W；内胆尺寸（mm）：1300×600×650；外形尺寸（mm）：1660×710×940。此尺寸的烘箱可一次脱水吴简约1000枚。

②自建洗简台。

三国吴简从100％十六醇溶液中出来自然干燥后，简表面还有很多十六醇，需做清除处理，在用乙醇、三氯乙烯等有机溶剂作为清洗液时，需要及时排出有机溶剂挥发出的气体。所以必须制作一个大吸力排气的类似于实验室通风柜的设备。工作人员用大功率抽油烟机搭建了一个适宜于洗简的操作台（图6－11）。

③测量工具。

质量测量：上海医用激光仪器厂生产的马头牌架盘药物天平（型号为JYT－1），最大称重100g，分度值0.1g。

图6－11　自制清洗操作台

尺寸测量：上海量具刃具厂所生产的 0～150 毫米游标卡尺，普通米尺。

3. 吴简脱水工作流程

三国吴简脱水工作从 1997 年开始。除 2480 枚大木简和部分木简、木牍、签牌采用的是自然干燥法以及极少量的简是采用乙醇—乙醚—乳香胶脱水法以外，三国吴简中其他所有的简牍都采用的是乙醇—高级醇填充法脱水。

2002 年制定的《走马楼三国吴简科技保护方案》获国家文物局组织的专家评审会议审批同意，研究人员据此决定采用乙醇—十六醇填充脱水法作为走马楼三国吴简后续简牍的脱水方法。

三国吴简乙醇—十六醇填充脱水法操作步骤如下：

1）准备工作

①时间安排。饱水吴简数量巨大，有字简 7 万多枚，脱水工作时间长达 6 年。每年需要安排好工作时间，主要是每次脱水领简的时间。全年的脱水工作量由以前的工作进度以及现在正在脱水的进展情况而决定，且要提前与长沙简牍博物馆协商，以便安排双方工作人员办理交接手续。

②材料采购。与脱色不同，脱色所用材料需当时购买，而脱水材料可提前早做准备，主要是大量采购分析纯级的无水乙醇、十六醇等，工作中经常需要补充材料，此时需安排专人购买，因乙醇是易燃品，所以每次采购量及存放环境要特别注意。

③设备调试。脱水工作开始前一个星期，需调试脱水用的烘箱，检查排气扇，若有问题，就马上检修或更换。同时注意及时更换已老化的用于脱水的塑料盒。

④人员培训。先由专业技术人员手把手用两个月时间教会两个技工，而对于后面的新来人员，用 1 天的时间培训，主要内容是：脱水流程、操作要点、注意事项等，再由技工带领他们执行操作。

2）领简

固定专职人员从简牍博物馆库房保管员处领取已脱色拍照的饱水吴简，根据技术人员可完成的工作量和设备情况，每批次领简数量大致为1000～3000枚，且根据工作进度分批次领取。

领简人员要核对从简牍博物馆库房移交过来的简牍，核对内容包括：简牍编号与数量、简牍完残程度、字迹保存状况，然后办理移交。脱水之后基本上按每30支简牍分为一盒，全部重新入盒上架。

3）分类

主要针对简牍形制宽窄和厚薄差异来进行分类装盒，一般是挑出宽厚的简牍单独装盒。

4）档案资料收集

由于需脱水的吴简数量太多，糟朽严重，在质量、颜色的测量时会造成对简的损伤，即使按1%的比例推算，也会造成很大的损失。考虑到该批简出自同一口井，质地、糟朽状况、颜色接近，所以工作人员随机挑选部分简做脱水前质量记录，并拍摄照片。所有的吴简都有脱水前后尺寸记录，并都有照片资料。

5）乙醇置换

将简牍浸泡于50%浓度的乙醇水溶液中，（简牍厚度3mm及以内）浸泡3天；接着调整乙醇浓度至75%，再浸泡3天；然后调整乙醇浓度至100%，再浸泡3天；最后维持乙醇浓度至100%，再浸泡1天。对于专门挑选出来的宽厚简的浸泡时间应根据具体情况做相应调整，一般每步骤的浸泡时间延长1～3天。

6）十六醇置换

将经过乙醇浸泡阶段的简牍浸泡于50%浓度的高级醇乙醇溶液中，（简牍厚度3mm及以内）浸泡3天；接着调整高级醇浓度至75%，进入恒温烘箱中再浸泡3天，此时温度保持为40℃左右；然后调整高级醇浓度至100%，此时温度需调整到58℃左右，再浸泡3小时。对于专门挑选出来的宽厚简的浸泡时间应根据具体情况做相应调整，一般每步骤的浸泡时间延长1～3天。

7）后处理

取出经过十六醇浸泡阶段的器物，自然干燥后用三氯乙烯或乙醇清除简牍表面的十六醇。对于断为数截的吴简使用少量的 504 环氧胶予以粘接，粘接工作要做到：从文字、照片确定粘接位置；用胶量尽量少；粘接平整。走马楼三国吴简所使用的 504 环氧胶是宜春市正力化工厂生产的正力牌 504 黏合剂。

8）档案资料收集

对脱水前做过重量记录的简，再做脱水后的重量记录并拍摄照片。所有的吴简都有脱水后尺寸记录，并都有照片资料。

9）包装

具体脱水后的包装见第七章第一节。

10）移交验收

将已包装好的脱水简移交给简牍博物馆有关人员。

4. 吴简脱水工作情况

三国吴简脱水工作从 1997 年 7 月开始，至 2010 年 7 月全部结束，主要脱水工作是在 2004 年至 2010 年期间完成的。脱水工作达到了保护方案既定的保护修复技术指标，实现了方案规定的工作责任目标。脱水简的长度收缩率基本控制在 3% 以内，脱水简的宽度收缩率基本在 5% 左右。所脱水的简颜色呈浅黄色，字迹清晰，无皱缩现象。相关单位按时完成了全部吴简的脱水工作，脱水总数量为 76552 枚，其中大木简 2480 枚，小木简、木牍、签牌 441 枚，竹简 73631 枚。所有三国吴简已全部移交库房保存。

从 1997 年 7 月 9 日到 1998 年 6 月 18 日完成了 2480 枚大木简的脱水，由于该批木简材质为杉木，所以采用的是自然干燥法；在 2004 年之前另有经乙醇—乙醚—乳香胶脱水的竹简 100 余枚。后续脱水工作从 2004 年开始。

2002 年制定的《走马楼三国吴简科技保护方案》获国家文物局组织的专家评审会议审批同意，研究人员决定据此采用乙醇—十六醇填充脱水法作为走马楼三国吴简的后续脱水方法，另一部分杉木质地的小木简、木牍、签牌采用的是自然干燥法脱水。

方案规划至 2006 年完成 6 万枚吴简脱水，2012 年完成全部吴简脱水任务（原计划 14 万枚）。在实际工作中，到 2006 年完成了 4.8 万余枚，吴简脱水工作至 2010 年 7 月全部完成。2015 年 11 月 27 日吴简保护项目在长沙通过了湖南省文物局组织的专家验收，验收意见请见附件六。

接受走马楼三国吴简的脱水任务后，相关单位开始物色工作人员。由于在此前的里耶秦简脱水和走马楼吴简脱色过程中已培养了一批思想过硬、技术基础扎实的技术工人，所以走马楼三国吴简的脱水工作基本上使用的是原来的简牍保护修复队伍，无须特别的培训。

走马楼三国吴简脱水时间的选择相对于脱色时间的选择具有更大的自由，首先是按照《走马楼三国吴简科技保护方案》来确定脱色工作的时间框架，再根据正常的节假日来确定每年每批次的脱水数量和大致时间，具体时间则由荆州文保中心和简牍博物馆两家合作单位有关人员的时间来定。

从脱水效果来看，吴简脱水后的简面颜色为淡黄色，可有效衬托简牍上的墨书文字。对于按普通脱水程序而变形严重的简牍，在领简后首先分类，此类吴简一般又宽又厚，材质为刚竹质地。工作人员采取延长各步骤的处理时间，增加脱水试剂渗透时间的办法，可比较好地解决脱水后简牍收缩较大的问题。

进行脱水工作时，除了脱水工作的一整套技术操作流程外，与之相对应的还有吴简出库、脱水后的验收入库等工作流程。根据脱水工作量的大小，脱水环节投入人力一般为 3~7 人，脱水后验收环节需 5~7 人。

三国吴简脱水工作任务艰巨，工作量大，在十多年的工作时间内，走马楼三国吴简保护工作人员细心操作，从未发生一起诸如失窃、失火、损毁等安全事故，实在是殊为不易。

表 6 - 9 三国吴简脱水工作统计表

时间 \ 移交号	领出简	备注	回交简	备注
1997 年 7 月 9 日 ~ 1998 年 6 月 18 日	2480 枚大木简		2480 枚大木简	
2003 年 9 月 26 日	1 ~ 131			用于三国吴简预脱水
2004 年 2 月 6 日	132 ~ 6146	批量领出后再逐盒点交，后续情况类似		
2004 年 3 月 9 日 ~ 10 日	6147 ~ 10545			
2004 年 4 月 27 日	22283 ~ 24751			
2004 年 5 月 5 日	24752 ~ 27224			
2004 年 7 月 17 日 ~ 31 日			132 ~ 5000	每天移交 100 ~ 400 枚。后同
2004 年 8 月 17 日 ~ 9 月 2 日			5001 ~ 10545	
2004 年 9 月 6 日 ~ 9 日	10546 ~ 14076			
2004 年 9 月 14 日			1 ~ 131	
2004 年 9 月 18 日 ~ 22 日	14077 ~ 17632			
2004 年 12 月 6 日 ~ 14 日			22283 ~ 27224	
2004 年 12 月 25 日 ~ 31 日			10546 ~ 15200	

续表 6 - 9

移交号 时间	领出简	备注	回交简	备注
2005 年 3 月 6 日	30001 ~ 35040			
2005 年 5 月 9 日	17633 ~ 19652			
2005 年 5 月 27 日	19653 ~ 22282			
2005 年 5 月 30 日 ~ 6 月 2 日			15201 ~ 17632	
2005 年 8 月 8 日	35041 ~ 37980			
2005 年 8 月 31 日	37981 ~ 40026			
2005 年 8 月 22 日 ~ 27 日			30001 ~ 35040	28051 ~ 30000 的编号空缺， 无简
2005 年 11 月 29 日	40027 ~ 42049			
2006 年 1 月 3 日 ~ 12 日			19637 ~ 22282； 35041 ~ 40026	
2006 年 3 月 1 日	42050 ~ 44049			
2006 年 3 月 27 日	44050 ~ 46049			
2006 年 6 月 22 日	27225 ~ 28050			
2006 年 8 月 7 日 ~ 19 日			40027 ~ 46049	
2006 年 8 月 14 日	46050 ~ 48050			
2006 年 11 月 1 号	48051 ~ 49051			
2006 年 12 月 5 日			27225 ~ 28050	
2006 年 12 月 6 日	49052 ~ 50459			
2006 年 12 月 7 日 ~ 16 日			46050 ~ 48050	
2007 年 1 月 30 日 ~ 2 月 20 日			48051 ~ 50459	

移交号 时间	领出简	备注	回交简	备注
2007 年 3 月 9 日	50460 ~ 51479			
2007 年 3 月 28 日	51480 ~ 52704			
2007 年 6 月 5 日	52705 ~ 53791			
2007 年 6 月 29 日	53792 ~ 54878			
2007 年 8 月 6 日 ~ 10 日			17633 ~ 19636	
2007 年 8 月 13 日 ~ 17 日			50460 ~ 52700	
2007 年 8 月 20 日	54879 ~ 55957			
2007 年 9 月 5 日	55958 ~ 57056			
2007 年 9 月 25 日	57057 ~ 58141			
2007 年 10 月 31 日	58142 ~ 59240			
2007 年 11 月 28 日	59241 ~ 60325			
2007 年 12 月 3 日 ~ 29 日			52701 ~ 57050	
2007 年 12 月 17 日	60326 ~ 61385			
2008 年 1 月 14 日 ~ 21 日			57051 ~ 59240	
2008 年 2 月 29 日	61386 ~ 62426			
2008 年 4 月 1 日	62427 ~ 63426			
2008 年 5 月 5 日	63427 ~ 64382			
2008 年 5 月 19 日 ~ 26 日			59241 ~ 61400	
2008 年 5 月 30 日	64383 ~ 65422			
2008 年 7 月 3 日	65423 ~ 66493			
2008 年 7 月 16 日 ~ 25 日			61401 ~ 65400	

续表 6 - 9

移交号 时间	领出简	备注	回交简	备注
2008 年 8 月 6 日	66494 ~ 67544			
2008 年 9 月 5 日	67545 ~ 67850			
2008 年 12 月 15 日 ~ 25 日			65401 ~ 67850	其中 67851 ~ 70000 为空 号,这段编 号无简
2009 年 2 月 12 日	70107 ~ 71113			
2009 年 3 月 10 日	71114 ~ 72080			
2009 年 4 月 7 日	72081 ~ 73185			
2009 年 5 月 13 日	73186 ~ 74281			
2009 年 6 月 11 日	74282 ~ 75302			
2009 年 8 月 5 日	75303 ~ 76091			
2009 年 9 月 2 日	76092 ~ 76866			
2009 年 10 月 10 日	76867 ~ 77610			
2009 年 9 月 14 日 ~ 10 月 12 日			70107 ~ 74000	
2009 年 12 月 8 日 ~ 12 月 9 日			74001 ~ 77610	
2010 年 3 月 18 日	77611 ~ 77731 同时领取的 还有 441 枚 小木简、木 牍、木签牌			
2010 年 7 月 24 日			77611 ~ 77731 小木简、木牍、 签牌 441 枚	

5. 吴简脱水示例

1）竹简 38811～38814（图 6 – 12，表 6 – 10）。

图 6 – 12a　吴简 38811～38814 脱水前

图 6 – 12b　吴简 38811～38814 脱水后

表 6 – 10　脱水前后 38811 ~ 38814 的尺寸和重量

编号	尺寸（cm）				重量（g）	
	脱水前		脱水后		前	后
	长	宽	长	宽		
38811	23.8	1.628	23.5	1.566	8.4	5
38812	23.5	1.478	23.1	1.388	5	2.7
38813	23.5	1.602	23.2	1.532	8.5	5
38814	23.7	1.588	23.4	1.516	6.3	3.5

2）竹简 38815 ~ 38818（图 6 – 13，表 6 – 11）。

表 6 – 11　脱水前后 38815 ~ 38818 的尺寸和重量

编号	尺寸（cm）				重量（g）	
	脱水前		脱水后		前	后
	长	宽	长	宽		
38815	23.8	1.778	23.5	1.724	9.8	6
38816	21.6	1.540	21.3	1.492	4.8	2.8
38817	23.7	1.538	23.4	1.452	7.4	4.2
38818	23.7	1.948	23.4	1.940	11.3	6.6

图 6-13a 吴简 38815~38818 脱水前

图 6-13b 吴简 38815~38818 脱水后

3）竹简 51346～51350（图 6－14，表 6－12）。

图 6－14a　吴简 51346～51350 脱水前

图 6－14b　吴简 51346～51350 脱水后

表 6 – 12　脱水前后 **51346 ~ 51350** 的尺寸和重量

编号	尺寸（cm）				重量（g）	
	脱水前		脱水后		前	后
	长	宽	长	宽		
51346	24. 2	0. 786	23. 9	0. 756	3. 2	2. 2
51347	23. 5	0. 928	23. 1	0. 910	2. 1	1. 5
51348	24. 1	0. 880	23. 7	0. 838	2. 9	2. 2
51349	23. 6	0. 982	23. 3	0. 948	2. 5	1. 7
51350	23. 5	0. 740	23. 2	0. 716	1. 8	1. 4

4）竹简 66674 ~ 66679（图 6 – 15，表 6 – 13）。

表 6 – 13　脱水前后 **66674 ~ 66679** 的尺寸和重量

编号	尺寸（cm）				重量（g）	
	脱水前		脱水后		前	后
	长	宽	长	宽		
66674	23. 8	1. 338	23. 2	1. 256	6. 2	3. 6
66675	24	1. 320	23. 7	1. 226	8. 9	5. 6
66676	23. 9	1. 310	23. 5	1. 220	5. 8	3. 5
66677	24	1. 258	23. 6	1. 202	5. 8	3. 5
66678	23. 7	1. 170	23. 3	1. 078	6. 1	3. 9
66679	24	1. 214	23. 7	1. 156	7. 8	5. 1

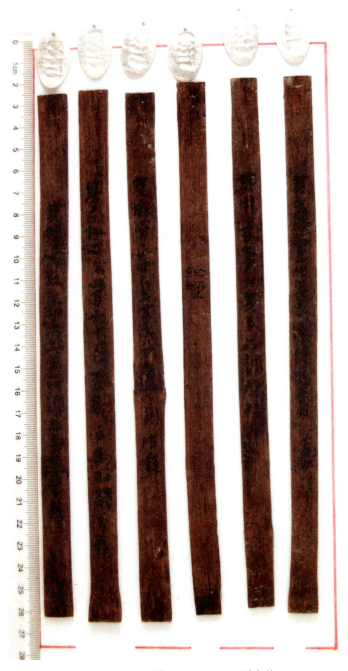

图 6 – 15a　吴简 66674 ~ 66679 脱水前

图 6 – 15b　吴简 66674～66679 脱水后

5）竹简 67719～67724（图 6－16，表 6－14）。

图 6－16a　吴简 67719～67724 脱水前

图 6－16b　吴简 67719～67724 脱水后

表 6 – 14　脱水前后 67719 ~ 67724 的尺寸和重量

编号	尺寸（cm）				重量（g）	
	脱水前		脱水后		前	后
	长	宽	长	宽		
67719	22.8	0.810	22.5	0.786	2.1	1.6
67720	22.7	0.834	22.2	0.800	2.4	1.8
67721	22.6	0.932	22.3	0.9	2.5	1.9
67722	20.3	0.902	20	0.870	3.2	2.4
67723	23.8	0.802	23.5	0.786	2.9	2.1
67724	20.4	0.806	19.9	0.754	1.9	1.3

6）木牍 87668 ~ 87670（图 6 – 17，表 6 – 15）。

表 6 – 15　脱水前后 87668 ~ 87670 的尺寸和重量

编号	尺寸（cm）						重量（g）	
	脱水前			脱水后			前	后
	长	宽	高	长	宽	高		
87668	24.5	7.7	0.8	24.5	7.65	0.72	138.5	96
87669	24	4.2	0.75	24	4.1	0.74	72	49.5
87670	24	8.5	0.75	24	8.5	0.73	163.0	109.5

图 6 – 17a　吴简 87668 ~ 87670 脱水前

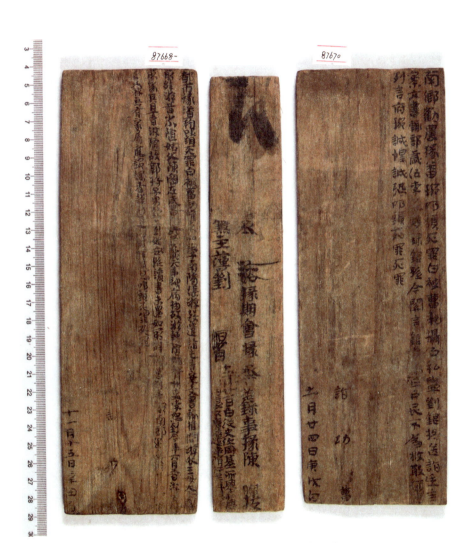

图 6 - 17b　吴简 87668 ~ 87670 脱水后

第七章　走马楼三国吴简的包装移交与库房保存

第一节　三国吴简包装工作

考虑到要保证竹简脱水后长时间不变形，其后期的保管条件就显得十分重要。主要是通过简牍的包装来预防简牍的损伤。

另外，为了便于简牍释文整理、陈列展示和库房保管工作的正常开展，也需要对走马楼简牍进行适当的包装处理，以求在提取、放置过程中不必直接用手触碰和拿捏文物，同时达到更好地保存之目的。

1. 包装材料的选取

通过不断地摸索与实践总结，研究人员对于各种不同的材料进行筛选，最后采用了有机玻璃来作为简牍的包装材料。那么，为什么要选取有机玻璃呢？在说明原因之前，有必要先解释一下有机玻璃的化学结构与性质。

有机玻璃是一种高分子透明材料，化学名称叫聚甲基丙烯酸甲酯，主要成分是由甲基丙烯酸甲酯（MMA）聚合而成，透明度比较高，其他的性能也良好。又被称作压克力或者亚克力（Acrylic 的音译，丙烯酸），英文为 Polymethyl methacrylate。市面上通常所说的亚克力板，其实就是一种 PMMA 板材，是丙烯酸和甲基丙烯酸类化学物品的总称。

有机玻璃的优越特性，体现在以下几个方面：

①高度透明性。有机玻璃是目前最优良的高分子透明材料，可见光的透光率达到了92%，比玻璃的透光度更高。普通玻璃只能透过0.6%的紫外线，但有机玻璃却能透过73%。PMMA 不能滤除紫外线（UV），紫外光会穿透它，可以在其表面部分进行镀膜，以增加滤除紫外光的效果和性

质。另一方面，在照射紫外光的状况下，其与聚碳酸酯相比具有更佳的稳定性。

②机械强度高。有机玻璃的相对分子质量大约为200万，是长链的高分子化合物，而且所形成的分子链很柔软，因此，有机玻璃强度比较高，抗拉伸和抗冲击能力比普通玻璃要高 7～12 倍。有一种经过加热和拉伸处理过的材料，其中的分子链段排列得非常有次序，使韧性有显著提高。

③重量轻。有机玻璃的密度为 1.18～1.20 kg/dm³，同样大小的材料，其重量却只有普通玻璃的一半，金属铝（属于轻金属）的43%。目前已经广泛应用于广告标识牌、工作台、物品架等物品的制作。

④易于加工。有机玻璃不但能用车床进行切削，钻床进行钻孔，而且能用丙酮、氯仿等黏结成各种形状的器具，也能用吹塑、注射、挤出等塑料成型的方法加工成大到飞机座舱盖，小到假牙和牙托等形形色色的制品。

⑤其他特点还有：表面光泽好，硬度强，耐腐蚀，尺寸不易变形等。

由此可以看出，有机玻璃最突出的特点就是优异的透明度，为塑料材料之最。它也很不容易被氧化，耐候性强，因此可以长时间地使用仍然保持其高度的稳定性和透明度。正是因为有机玻璃具有此种特性，使它得到了极为广泛的应用。除了在飞机上用作座舱盖、弦窗外，也用作汽车的风挡、大型建筑的天窗（可以防破碎）、电视和雷达的屏幕、仪器设备的防护罩、望远镜和照相机上的光学镜片等。

鉴于以上的这些优良性能，研究人员选用了有机玻璃来进行走马楼简牍的包装。有机玻璃常为轻、薄型的，还有的亚克力材料为厚、重型的，其厚度达6毫米以上。但是普通的有机玻璃，其质感和透明性均比较一般，且颜色大多数都呈现略微的发黄。由于很多人对其认识不足，常常将有机玻璃与PVC、塑料板相提并论，可见普通质量的有机玻璃，并不能达到简牍类文物的保护与包装要求。

为了保证走马楼吴简包装工作的高质量，研究人员选用了有机玻璃板材中档次较高的进口亚克力材料，俗名称之为"仿水晶"（优质原生板），其杂质含量少，手感和质感性能很好，透明度也非常清晰，看起来显得比较尊贵典雅，因为它的透明是纯天然式的无色透明，大多为制作要求很高的工艺品以及展览陈列台的材料所使用。

此外，为了更加确保有机玻璃材料的质量，研究人员还于 2004 年多次将样品送至湖南省塑料研究所测试中心站，委托对其做进一步的分析检测。该中心是作为湖南省内塑料产品质量监督检验的正式授权机构。测试中心严格地按照 GB/T7134 – 1996 的国家标准与检验依据，主要对不同的样品进行了材质确认、拉伸强度、抗折断性能、热变形温度、加速老化等试验，提供了客观、准确的检测数据，获得了安全、有效的书面认证。

2. 三国吴简的包装方法与操作步骤

在选择确定了简牍文物的包装材料后，研究人员经过不断的实践摸索与经验总结，设计出了脱水后简牍的包装方法如下：

针对每一枚简牍而言，先制作两块尺寸一致的透明有机玻璃板，其长度一般为 34 厘米，宽度一般为 3 厘米，上层盖板有 2 毫米厚，底板厚度均为 5 毫米，双层粘合起来而成为一套。根据简牍的形状、尺寸规格等，在底层玻璃板的中间位置开槽，其槽的深度一般为 2.5 毫米，长度与宽度也应比简本身略大一些，留有少许余地。也就是说，针对每一枚简牍而言，都要为其量身定做槽口的尺寸，这也就带来了包装工作过程中的复杂性。

也有一小部分特殊尺寸、形制的三国吴简（如征收赋税简），本身就比较厚，那么有机玻璃底板的厚度就应该适当放宽为 8 ~ 10 毫米不等，板上开槽的深度也调整在 3.5 ~ 5 毫米之间。这样既保证了竹简在其中的位置相对固定，又不至于卡得太紧，避免接触得过于紧密而损伤表面边沿。

此外，针对少数双面有字的简牍等，在其所挖槽的底面部分还采取了特殊的工艺进行加工，经过抛光处理后使得毛糙面呈现透明状，这样就不会影响到简牍背面字迹的观赏与释读。

走马楼简牍的包装工作，其具体的操作步骤及注意重点如下：

①测量尺寸：认真记录与核对简牍的形制尺寸，特殊规格的简牍单独注明。并严格按照登记的尺寸划分出 36 种不同的规格。

②定制包装盒：根据不同的尺寸规格来统计数量，为每枚简牍量身定做有机玻璃的包装盒，保证其强度、色泽、透光性等均能达到要求的

质量。

③制作编号标签：根据文物库房保管工作的方便需要，采用 Corel-DRAW 等计算机的相关软件，自行设计出了简洁醒目、美观实用的编号标签，然后打印在不干胶纸上再进行裁剪，而后切分开来成为单独的连续编号。

④逐一装槽贴号：针对数量如此众多的简牍，在包装之前按照其本来顺序进行认真核对，不应出现错号、漏号和跳号。包装时须将已脱水的竹简小心谨慎地放入槽内，四周边沿均留有余地，避免对简造成任何不必要的损害。每装入一枚竹简后，都要仔细核对清楚编号，确保不出差错，并在底板顶部粘贴好相应的不干胶标签。

⑤上胶封装：在靠近底板的中部及上下两端处各粘一层双面胶，再将上层有机玻璃盖板合上，并略施压力使其牢固封紧。然后，在其外表面的顶部与底部各缠绕两圈窄的透明胶带，这样，一枚竹简的包装就完成了。

简牍完成包装工作后的实际效果，见图 7 - 1。

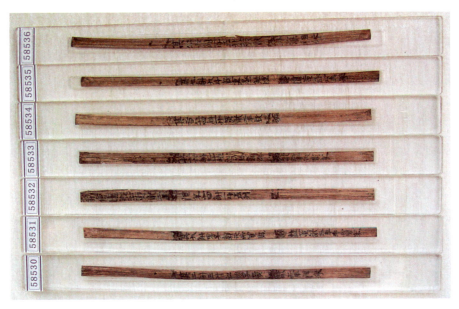

图 7 - 1　三国吴简装在有机玻璃盒内

通过这种方法进行的简牍包装工作，其优点就是：三国吴简放置在其中，可以得到有效的固定和防护，能够比较直观地进行文字释读和近距离观察、接触，就算是直接用双手拿取也比较方便，不会对文物有任何的影响。而且其打印的编号标签夹在两层有机玻璃板之间，也避免了由于长时间的触摸而导致其纸张表面油墨磨损的可能。但是采用此法来包装的简牍，并没有绝对的密封和隔绝空气、潮湿等，所以在恒温恒湿的库房内放置保存，是完全不会受到影响的，可是当提取出库后或向异地运输、对外展览时，就要特别注意防霉虫、防污染、防高温等。若条件许可，陈列室环境的温湿度控制也应达到库房的技术标准，否则须对竹简进行全密封的包装后才能够展出。

在简牍的包装过程之前，工作人员还须进行有机玻璃盒的验收工作，而在装简程序完成以后，还有复查核对的工作。这两项工作的总要求是：严肃认真、耐心细致、职责明确、操作规范。以下为包装盒验收工作与装简复检工作的流程图与岗位职责：

①测量记录职责：简牍在移交脱水之前，由脱水小组工作人员负责，按编号认真测量每枚简的尺寸并登记，特殊尺寸（超长、超宽、超厚）的简应该单独作记录。

②尺寸、规格分类职责：由库房保管员按脱水小组提交的尺寸记录表，划分出不同的尺寸规格（一般按36种规格统计），并统计出每个规格的数量。

③加工制作分工职责：简牍在脱水期间，将规格数量统计表移交到制作组人员，制作组严格地按照表中的要求分批加工。每批次为2000枚左右，完成时间限定为七至十天。

④产品抽检职责：包装盒制作完成后，由制作组向长沙简牍博物馆移交。博物馆工作人员负责进行抽样检查，所选比例为10%。如若发现问题应及时退回，由制作组返工改正。

⑤装简复查职责：包装盒抽检合格后移交给脱水组工作人员，在简牍包装的过程中，工作人员负责逐一进行检查，如有发现不合格者，应及时拣选取出，交还给制作组重新返工。

⑥点交复查职责：在简牍的脱水、包装完成之后，简牍博物馆工作人员在点交验收过程中，如再次发现有明显瑕疵、划痕等不合格的情况，应及时挑拣出来，交还给制作组负责最后完成。

走马楼简牍在完成了包装工作的程序后，将进入到下一个的点交验收和入库存放的工作环节。工作人员采用的是特意定做的囊匣盒来盛装，再按照类别和编号顺序，分别存放于专用的文物密集柜架内，这样就能达到简牍日常保护的需要，具体样式见图7－2。但若是长期用于陈列展览的竹简，不比在文物库房中的避光条件，展览时照射用的光源须作防紫外线处理，以避免紫外光的强降解作用。同时为了保证竹简的性能稳定，如果有条件的话，还可以考虑在有机玻璃的表面部分镀上一层防护膜，以增加滤除紫外线的效果。

图7－2　三国吴简存放于库房内

第二节　三国吴简包装后的移交

在走马楼三国竹简的验收过程中,按照简牍的编号顺序,对已脱水的吴简逐枚进行点交工作。参照图版与数码照片逐一核对,对点交当中发现的问题一一列表进行详细记录,并将外观标准完整、字迹清晰、脱水效果好的竹简作为标本记录编号,以备调阅查看。针对竹简拼接错位、脱水后变形、包装不适等问题,及时提出改正和修复要求,并尽快地予以修整、纠正和兑换。

长沙走马楼竹简的点交验收工作,其具体的做法参见详细制定出的工作步骤流程图,如下所示:

①竹简清点、搬运到位

职责:根据工作需要,按编号先后顺序提取已脱水修复好的竹简,50枚一盆装好,从脱水组搬运至点交验收工作场地,依序整齐摆放于工作台面。

要求:小心取放、摆放,不错漏,核校编号确保无误。

②点交、核对与验收

职责:按编号顺序对已脱水的竹简逐枚点交,对照图版或光盘照片进行核对,测量原长、现长、缩水率、残断缺失等,双方相互验证,并将比对结果报告记录人员。

要求:认真负责,精心细致,实事求是。

③归类统计、核实记录

职责:根据点交中所报给的各种数据,按顺序如实进行记录。根据原长与现长统计缩水率,并比照原状与现状记录残断、缺失、变形、变色等情况。

要求:仔细认真,科学真实,准确详尽。

④清点装盆

职责:按序号逐枚进行清点核对,修改标注编号。按50枚一盆装入盒内,标注盆号、简号起止,写好数量及缺号情况说明条,置于每盆中。

要求：标注清晰，不错写、漏写编号和盆号。

⑤修整、纠正问题

职责：在点交过程中发现与原简不相符、包装盒不标准等问题，及时提出并记录存档。甲方要求乙方再次进行修正或重新处理，直至达到甲方要求后方可接收。

要求：严格按文物原状修复，精益求精。

⑥完善交接手续

职责：每天点交工作结束后，由接收方（甲方）向移交方（乙方）提交一份接收清单。甲乙双方三人签字，当事人各执一份保留存档。

要求：字迹工整，交接数字准确无误。

⑦简牍入库

职责：点交完的竹简，下班前全部进入库房。按盆号顺序核对无误后，搬运入库，再逐盆按次序入柜摆放。

要求：小心谨慎，轻拿轻放，摆放整齐，入位准确。

从 2004 年 7 月中下旬开始，对脱水后的首批 5000 枚竹简对照图版进行了检查、接收，点交工作从严把关。为了确保简牍保护工作的质量，特严格按照制定出的《长沙三国吴简脱水后点交验收工作流程》来操作。针对验收过程中发现的问题，按照竹简实物、图版与电脑存档资料三者结合的方法来做进一步的复核，寻找出问题发生的根源所在，区分清楚双方的相关责任。

经过认真仔细地逐一清查，总结了取得的工作成绩与收获，确切统计出了各自存在的不足与疏漏，改进了产生疏漏的工作环节，并及时制定了问题的防范措施。比如：最初发现的有机玻璃盒编号淆乱、简颜色发黑偏深、简面泛晶等现象基本上被消除；竹简字迹脱落变淡、简体折断缺失与弯曲变形等问题也得到了及时的解决。对于检查发现存在的拼接错位或多拼的竹简，在验收过程中都已经加以修正、归位。并将所查出的具体问题详细列表成文，在点交工作结束后尽快写出内容翔实的验收报告。

该点交验收报告完成、修改好后，连同附件都全部打印出来一式三份，以备各方核实检查。同时移交给承担脱水的单位一份，以便公正客观地评估脱水结果。这样做既是对前一过程的总结和检查，以便发现问题并及时补正，又为下一过程的开始做好了铺垫，提早预防，减少误差，避免重蹈错误。

按照上述的工作流程与要求，研究人员根据年初制定的项目工作计划，比较圆满地完成了每年度的简牍脱水点交任务。通过脱水人员的细致修复和验收人员的周密检查等工作，在双方的共同努力之下，确保了长沙走马楼竹简的整体脱水质量和数量。与以往年度的工作相比，工作效率和质量均有不同程度的提升。针对验收过程中所发现的一些问题，例如：个别简牍与图版不符、修复缀合中错位与赘接、有机玻璃包装盒的尺寸不符等诸多此类的细小问题，都已及时得到改正，并在工作中不断地取得了进步。

三国吴简经过脱水后，字迹较为清晰，简面的颜色尽量做到了保持竹质本色，其墨迹也与竹简底色的对比度相适宜。脱水后竹简形状的收缩变化不大，横向、纵向的缩水率均基本控制在可接受的范围之内（长度为3%、宽度6%以下）。目前还在不断地总结积累经验，努力改进修复的方法与技巧，以便更好地提高简牍保护修复的水平。

此外，还需要特别注重和强调以下几个方面的内容：

①走马楼简牍的修复工作必须"修旧如旧，保持原貌"，缺失部分绝不能用其他竹简或材料进行补接。

②修补、粘接与缀合工作须平整、严密、规范，简面不得残留胶痕与衬纸。

③脱水前后都必须核对光盘资料，如发现缺失等情况应及时进行清查。

④各项工作环节都需细致耐心，特别注意简的实物与编号、图版是否相符，尽量避免错号、跳号情况的发生。

⑤认真履行文物藏品的移交手续，认真填写好移交清单，职责分明。

在工作当中，研究人员除了针对竹简数量巨大、质地有差、色泽不匀、厚薄不一、与木简有别等特点，制定了一整套较为科学合理的工作流程外，还对原有的一些工序细节随时加以改进。例如：最初开始点交工作时，是采用已出版的书册图录来进行逐一对照图版的环节，执行起来不太容易操作。在实践过程中，研究人员引入了高清数码拍摄技术，取消了上述环节，直接将简牍脱色照相的数码照片资料存入电脑，可以直接在电脑上进行缩放操作，将比例调节至与实物 1：1 大小，这样既便于脱水后的修复、缀合工作，又明显地提高了验收与核对的效率，节省了移交的时间和人力。

通过以上这样的方式，研究人员总共进行了十五批次的已脱水吴简的点交验收工作，积累了较好的管理经验。对于已经脱水点交的近 8 万枚走马楼简牍，无一枚错号，无一枚丢失。

虽然长沙走马楼三国吴简的保护整理工作已经取得了一些方面的成绩，但在管理上仍然存在着不容忽视的问题。尤其在已取得较成熟经验和操作规范明确的工作环节上，容易出现一些不应有的失误，而由此造成的损失是无法弥补的。因此，它时刻提醒相关人员在工作的管理环节上一定要增强责任感，并落实到位，切不可掉以轻心，放任自流。

第三节　三国吴简脱水后的保存

1. 三国吴简保护修复后的日常维护

博物馆对文物藏品肩负有科学管理、科学保护、整理研究、公开展出和提供使用（对社会主要是提供藏品资料、研究成果）的责任。因此，简牍的保管工作必须要做到：制度健全、账目清楚、编目确切、保管妥善、查用方便。库房内的保管人员也要具备藏品保管的相关业务知识，熟悉所保管简牍的性质和特点，掌握相应的一些保管方法，了解每件藏品的现状并记录详明，并始终把文物安全摆放在一切工作的首位。

具体对于简牍藏品来说，相关单位就设置了固定的、专有使用的库房，并安排专人进行集中管理。地下库房的建筑和保管设备要求安全、坚固，并建立健全了安全工作检查的相关制度。库房的技术保管工作贯彻

"以防为主，防治结合"的原则，切实做好温湿度的控制和调节、有害生物的防治、防尘、照明管理（防紫外线）和文物保管状况等方面的工作。库房中配备有防火、防盗、防潮、防震等设备。库区内及其周边范围做到了保持整洁，禁止存放易燃易爆物品、腐蚀性物品及其他有碍文物安全的物品，绝对严禁烟火。

走马楼吴简的日常保护和管理工作十分重要。为此，长沙简牍博物馆加强了科学管理，专门制定了严格的养护措施和规范的日常检查制度，并认真地贯彻执行，有效地确保了简牍的安全，最大限度地延长了简牍的寿命。在点交验收完成之后，三国吴简进入到库房保存，严格地按照安全规程来操作。统一施放化学药剂，定期进行科学的防霉、杀虫、抑菌处理。然后进一步抽样检查有机玻璃盒上的双面胶，对已经松动和可能散开的包装重新进行密封、加固。

从2004年下半年开始，当时已经脱水点交后的三国吴简还存放在长沙市博物馆内的临时库房中。为克服现有库房短缺的困难情况，积极采取了临时的解决措施，新添置购买了20个钢质资料柜，使得走马楼简牍脱水之后有处可存。又由于当时场地较为狭窄，也不能再摆放更多的文物保存柜，因此在每个柜内上下各增加了一倍数量的隔板。这样的做法既减轻了每层的压力，又能保证今后的脱水竹简有安身之处，缓解了当前场地拥挤等矛盾。此外，已脱水简牍库房内的温度和相对湿度均控制在安全范围内，并且库房有长期的保管工作日志，对有机质类文物的保存现状进行了及时的跟踪记录。

2006年底至2007年上半年，走马楼三国吴简正式搬进了位于长沙市天心阁脚下简牍博物馆负一楼的新家。在厚厚的金库保险门后面，是一个配套设施先进、在省内排名一流的现代化的地下文物库房。其温度可以控制在15℃~26℃，日波动值不大于±3℃，同时保持相对湿度达到45%~60%，日变化幅度也不超过±5%的最稳定、适宜的保存环境条件。

走马楼三国吴简均保存在其中的简牍一库和简牍二库内，为此还特意定制了一批文物密集柜架。库房的地板上面铺设有专门的轨道，简牍保存柜架安装在滑轨上可以来回移动，通过一端的手动转轴摇杆就能轻松、自由地控制，并根据保管工作的实际需要调整其前后位置。简牍藏品按照科学的方法分类上架，按编号的顺序定位到每一柜层、每个格屉。一级藏品或价值较贵重的简牍类文物，要设立专柜进行重点保管。

　　走马楼简牍的保存现状，所采取的保管方法是用囊匣盒盛装，再放置于专用的文物密集柜架内，见图7－3。每个囊匣中按从左至右的顺序纵向排列着十五枚竹简，每两盒放置于一个抽屉内，这样使得简牍在归放、提取时方便查找，也有利于日常保管工作的正常进行。两间简牍专有库房内总计设置了56个文物密集柜架，每排柜架上又划分为4列14行共56屉。同时积极开展了藏品科技保护的研究活动，运用一些传统的保护方法与现代科学技术、设备，来防止自然因素（温湿度、光线、虫害、空气污染等）对藏品的侵蚀和损害。

图7－3　存放三国吴简的密集柜架

2. 三国吴简保存环境建设

　　长沙简牍博物馆的地下库房和展厅是存放走马楼简牍的主要场所，其室内环境、空气质量的优劣直接关系到有机质类文物——简牍的保存寿命。为了保证简牍博物馆室内空气环境的质量，对主要的污染物进行了监测、评价，并提出了具体的净化处理措施。

　　现以2008年长沙市的环境质量评价为例来做以说明。根据长沙市环保局公布的环境质量月报统计相关数据，2008年1~12月，长沙市空气优良率达到90%，较去年同期上升7.15个百分点。空气质量优良天数累计达到329天，较去年增加了27天。但是从长沙市环境监测中心站获悉，2008年12月空气质量优良率仅为70.97%，较上月下降了29.03个百分点，较去年12月下降了25.80个百分点。当月降雨总共只有6天，与上月降雨13天，降雨量288.5毫米相比，降雨量偏少，仅为13.9毫米。因此，降雨量偏少是造成空气质量优良率下降的主要原因。

　　由此可见，影响空气质量的首要污染物仍然是可吸入颗粒物（PM_{10}），也就是人们常说的扬尘。在2009年的一季度，截至3月31日，全市空气质量非优良的天数为9天，可吸入颗粒为首要污染物的天数就占到了全部。可吸入颗粒物的日均值达到了0.089毫克/立方米，距国家标准的0.10毫克/立方米仅相差0.011毫克/立方米，见表7-1。

表7-1　馆藏文物存放环境空气质量标准

污染物	一级标准　日平均浓度限值（mg/m^3）
二氧化硫	0.05
二氧化氮	0.08
一氧化碳	4.00
臭氧	0.12（1小时平均浓度限值）
可吸入颗粒物	0.10

　　人的活动、燃料燃烧、吸烟等因素，这些都是室内可吸入颗粒物的主要来源。居民取暖等所用燃料的燃烧产物和环境中的烟草烟雾是燃烧型气

溶胶的重要污染源；矿物质气溶胶如飞灰、尘土等，这些外界的污染源主要是经门窗、通风口和空调等设施进入室内；生物气溶胶包括植物性和动物性气溶胶两类；有机气溶胶主要由烹调油烟、喷雾剂等形成。

经过研究发现，库房内的降尘可以使竹木类文物变色、酥脆等，尘埃也是细菌、霉菌的良好载体。当空气中的降尘和湿空气结合在一起落在文物表面上时，便形成一层难以去除的覆盖层，很适宜微生物的生长。环境中的气体污染物长期作用于不同质地的器物表面，会使有机质文物老化、褪色、酸解等，改变文物的本来面目从而遭到损害。

此外，博物馆室内环境污染的主要来源还有：

①甲醛：室内存在的甲醛污染主要来自建筑材料、生活及装饰物品等，各种人造板、家具的制作，墙面、地面的铺设装饰都用了黏合剂。所以凡是大量使用黏合剂的环节，总会有甲醛释放。此外，甲醛还可来自于清洁剂、消毒剂、防腐剂等多种化工用品。

②氨（NH_3）：主要来自室内排水管道、装饰材料中的添加剂和增白剂、混凝土外加剂中的有机胺和尿素类防冻剂等，有时排水系统底部污水汇集处的各类气体甚至沼气（包括氨）也可能经该下水通道逸散到室内，从而污染建筑物中的空气。

③臭氧（O_3）：主要是由挥发性有机化气体与 NO_x 污染经过一系列复杂的链式光化学反应而生成的，它是光化学烟雾的代表性污染物，这一反应在高温、强日照、低湿度和静风的条件下最为剧烈。机动车排放大量的光化学反应前体物，是城市臭氧污染的最重要来源。

④苯（C_6H_6）：在各种建筑材料的有机溶剂中大量存在，包括各种油漆的添加剂、稀释剂和一些防水材料等。苯通常散发出来后以蒸气状态存在，人们在通风不良的环境中工作，短时间内吸入高浓度的苯会引起急性中毒。

⑤氡（Rn）：工业废渣制成的廉价砖、水泥等建材和加入锆英沙进行釉面处理的地砖、陶瓷等都含有放射性元素，另外传统的建材如花岗岩、页岩等氡含量也相对较高，沙子、红砖、混凝土次之，石灰、大理石较低。

⑥可挥发性有机物（VOC）：存在于室内的种类有很多，如醛类、苯系环烃物、三氯乙烯、三氯甲烷等。其污染主要来源于各种溶剂、黏合剂等化工产品和燃料、烟叶的燃烧，以及室内的办公设施等。

⑦二氧化碳、二氧化硫等：实验证明，二氧化碳可与空气中的水结合生成碳酸，从而对文物造成腐蚀影响；二氧化硫能降低材料强度，使其毁坏变色；同时和烟尘具有协同作用，两者并存时，有害性可增加 3 ~ 4倍，对文物危害更大。

因此，走马楼简牍的库房内就采用了无毒害、无污染的建筑和装饰材料，库房的地面也铺设了防滑防震的实木板材，同时注意库房内的防尘避光等，库房的光线、温湿度及空气质量均符合国家关于馆藏文物保存环境的规范标准（参见表7－1、2），并且每年定期按时采取防霉防菌的相关措施。发现文物有开裂、霉变、虫蛀等自然损坏时，要做到及时报告，并在文物保护专业技术人员和专家的指导下，采取有效的保护方法进行补救处理。

表 7 - 2　馆藏文物存放环境建筑材料污染物浓度限值

污染物	最高允许浓度限值（mg/m³）
甲醛	≤0.08
苯	≤0.09
氨	≤0.2
氡	≤200　BQ/m³
总挥发性有机物	≤0.5

从以上可知，要增强对文物的保护意识，就应对于环境问题给予足够的重视。加强对文物典藏条件的改善，构建适合于简牍保存的室内环境，同时需要进行严格的科学管理，包括配备良好的隔热、空气净化设施，这是维护简牍安全的有效手段和基本保证。库房可采取的清洁维护，如隔网或活性炭等过滤系统，主要是吸附空气中的有害气体和悬浮粉尘。如若在入口处与库区之间加以有效的隔离，亦可进一步降低污染物对文物的危害程度。

同时，为了最大限度地减少各种有害因素对竹木类简牍造成的污染与侵害，保护人员还采取了以下的措施：注意环境的治理与绿化，与附近的天心阁公园景观保持协调一致。排除污染源，在博物馆周围及其展厅旁边植树、种花。南方单位的园林绿化常见的林木有乔木、灌木两大种，为了能体现简牍博物馆的精华与主题特色，保护人员还栽种了不少的竹类植物。在博物馆的大门正南面，还新建了一个占地面积有 6000 多平方米的市民绿化广场，不仅使得风景更加优美，而且可以吸收空气中的有害物质等，创造了博物馆内良好的小气候。

除了在建筑四周种植各种有利于美化环境的绿色植物带外，在整个楼顶的屋面上还覆盖着一层四季常青的草皮植被。不仅充分利用了有限的空间进行环境的改善和绿化，也起到了一定程度的隔热等功用。草地的养护重在浇水与肥料的控制，春防渍、夏防晒，秋冬防风和保湿。在绿化管理上，要了解各个种植类型和品种的特征与特性，关键抓好肥、水、病、虫、剪五个方面的养护工作。在园林绿化栽植类型中，既有盆栽和地栽之分，也有草本和木本之分。树木种植的面积并不是最大，但其所占的绿化空间最大，乔灌木、竹林、花草的合理搭配，完全体现了立体绿化的良好效果。

此外，整个博物馆的地下库区还配备了日本"川井（CHKAWAI）"牌的库房除湿机，型号分别为 DH - 801BC 和 DH - 702B 等，在走廊过道上每隔一定距离固定有一台大功率的除湿机，每间文物库房内靠近墙角的两侧各对称放置着功率较小的两台。其相关技术参数为：智能化微电脑控制系统，LCD 液晶全数字显示，过滤网循环风，环境温度 5℃照常使用，理论除湿量为 70～80 升/天，运转噪音小于 54dB，压缩机保护功能、电路延时装置等。

此除湿机在性能及配置上的优点：

①适用范围 5℃～38℃，属于低温型除湿机。而空调在 18℃以下几乎不能除湿，其他品牌除湿机则在 8℃～36℃工作。

②智能操作、超宁静运转，使用时具有湿度可控制、安全性强等特点。

③湿度感应精密度高，传感器探头1%精确调节。可根据需要自行设定，当湿度达到要求时会自动停机，当湿度高于所设定的范围时又自动开机。

④采用知名品牌的高效涡旋式压缩机，质量可靠，高效节能，工业通风专业的外转子风机，使用寿命长、噪音低、出风量大。

⑤它的前进风、顶出风设计有利于空气循环，能效比符合新版国家标准GB4706.32 - 2004。

地下库房内的相对湿度比较高，除湿机原来的排水方式为流入内置的贮水器，由于其容积又不够大，水满后会自动停机报警，因此每天都需用人力来回搬运、倾倒水箱。后来对其进一步改进，采取为开挖排水沟槽集聚汇流，用外接软管式连续排水，省去了以上这些麻烦的人工操作。

3. 简牍存放条件的研究与探索

文物的存放保管问题涉及防潮、防火、防虫、防霉菌等方面的工作。长沙简牍博物馆专门针对这批独特的走马楼吴简，与北京讯德设备科技公司合作，共同设计出了三国吴简的除氧保存系统——充氮恒湿密封储藏气调柜，用来尝试和摸索简牍类有机质藏品存放方面的研究工作。

文物充氮保存系统主要由三大部分构成：微型制氮恒湿系统、多功能控制柜、文物保存柜。整个制氮气恒湿系统则由PSA空分制氮机、低噪音空压机、超声波加湿器三部分组成。

选用充氮除氧来作为文物保存系统的原因，是由于氮气作为空气中的重要组成部分，它是一种化学性质不活泼的气体。在常温、常压下不与其他物质发生化学反应，通常作为保护性气体，在很多领域得到利用。氮气具有很好的化学稳定性，通过采取应用技术手段，使其服务于珍贵文物的保存和保护，已经日益被文物保护领域的专家学者所关注。

作为"文物充氮保护系统"，关键是从湿度及氧气含量两方面加以严格有效地控制。所以，多功能控制柜从功能方面具备两个特点：一是显示；二是控制。根据文保行业实际应用情况，及时准确地通过数据显示出密封储藏气调柜的温度变化、湿度变化及气体成分变化，以方便文物保管人员的日常维护使用，以及定期的例行观察与记录。

"文物充氮保存系统"中的文物载体就是文物保存柜，其制作的材料为厚的纯不锈钢板质地，具有外形美观、经久耐用、性能可靠、操作方便等特点。单体重量达到 100～150 千克，尺寸也较为特殊，每个气室的有效尺寸为 1600×200（mm），进深有 2000（mm）。

在北京市橡胶研究所相关研究人员的协助下，解决了柜门的密封胶圈材料及制作成型的问题。在活动门板的结构上设有大面积的视窗，视窗玻璃由具有防砸、防盗、防爆、防紫外线功能的聚碳酸酯透明板构成。

"文物充氮保存系统"在实际应用时，其除氧的过程、加湿的过程和除湿的过程，都是利用氮气发生装置生产出的高纯度、干燥、具有一定压力的氮气流动来实现的。

①除氧。通过抽真空后，文物保存柜中的部分空气已被排出，此时通入具有一定压力的干燥的高纯度氮气（纯度 99.9%）。这样一来，文物保存柜中的气体就处于流动置换状态，无氧气体不断从进气口进入，富氧气体从排气口及抽真空口流出，经过气体这样的不断循环最终达到了降氧、除氧的目的。

②氧气的检测。使用的是数字式测氧仪，方便、直观。在气调柜上设计了一个内循环的旁路，并设置有测气气泵。需要测气时，启动气泵，接通测氧仪电源，即可显示氧气的含量。当氧含量超标时，可以通过声光报警器提示。

③加湿。加湿系统的设置，是在氮气进气管道上设计一个旁路，而加湿系统就设置在旁路中。当气调柜的残氧含量达到设计要求后，启动加湿系统，调整相关阀门，经超声波雾化的水分就随着仍在流动的氮气进入了气调柜中，随着气体流动的持续，气调柜中的湿度逐渐增大，直到湿度显示器上的数据达到预设标准，便完成了加湿过程。

④除湿。在实践工作的应用中，有些藏品可能需要增加湿度，而有些藏品则必须除湿。需要去除湿度时，关闭加湿器，直接通入氮气，因为供氮系统提供的氮气本身是非常干燥的，由此达到除湿的目的。

⑤湿度的检测。采用的是数字显示仪，将感应器探头设置在气调柜

内，馈线引出，连通到显示仪，使其随时能够显示有关的湿度。

⑥温度的显示。考虑到实际应用工作中的需要，设置了内部温度显示。

2006年3月26日设备调试完成之后，启动了充氮机的工作程序。至4月20日，开始做微生物培养的对比实验，打开气调保存柜门，再重新充入氮气。从之后记录的氮气浓度下降的速率来看，气调柜的密封性符合文物保存的基本要求。通过此次实验结果得出结论，新系统在首次充氮后，采用每3~6个月补充一次氮气即可保证简牍类文物的杀虫灭菌等要求。

2006年4月20日起，为验证高浓度氮气对微生物生长的抑制效果，测试人员将编号为1~16号的细菌及真菌类培养皿在柜内柜外各放置两组，柜内一组盖上表面皿盖，另一组打开培养皿盖子，观察四组样品有无微生物生长情况。实验结果表明：柜内打开盖的表面皿微生物完全没有生长痕迹；而封上盖子的培养皿内微生物生长正常；柜外两组内的微生物也正常生长。这就说明保存柜充氮后对微生物有强抑制的作用。

第八章　走马楼三国吴简保护修复工作的管理

第一节　三国吴简保护项目的总体规划

三国吴简的保护项目一开始就将其置于科学的规划之中，避免行动的盲目与工作的无序，项目规划的深或浅、粗或细、高或低，反映出管理者对项目的整体认识水准与完成质量。规划是项目实施的基础，是项目所有活动的科学指南，发挥着纲举目张的作用。因而重视规划，按规划的要求实施项目，是区别于以往传统管理的不同之处。

总体规划包括项目管理的指导思想、工作原则、工作目标、工作范围及组织形式。

1. 规划的指导思想

吴简的保护和整理是互为密切联系的两大方面，保护包括改善和控制保管条件，揭剥与清洗、脱色拍照与记录、为长期保存及展出而进行的脱水等等，是整理工作的前提和基础。整理工作包括对揭剥清洗过程的详细记录，对脱色后的简牍进行记录、释读、拍照、编校、出版，贯彻始终的考古学、文献学、历史学的观察与研究等，既对保护工作的质量提出要求，也是保护的目的之一，为进一步的研究创造条件。

由于走马楼吴简数量多，内容十分丰富，需要投入的人力、物力、财力较大，工作周期长，因此必须明确项目管理的指导思想，制定科学的工作原则与方法，有计划，有步骤、分阶段地开展工作。

长沙走马楼三国吴简保护整理项目管理的指导思想是：对历史负责，为后代着想，整理与保护并重，社会科学与自然科学充分结合，齐头并进，相互促进，良性互动，争取同时完成。

对历史负责，是要尽量体现出史料的原汁原味。首先，在科技保护中，要注意所使用的清洗药剂尽量不损害吴简，对于吴简上的字迹尽量不造成破坏；其次，对于已经整理的吴简，要加强库房管理，防火、防盗、防病变，不允许因为工作失误或大意而造成吴简的丢失、毁坏。

为后代着想就是在文物保护中，要还原真实、长久的保持这种真实，使得子孙后代能见到原样的文物，不会因为时间的变化而造成原始文物出现大的变化，不会由于文物保护人员的变迁而导致文物也出现恶性变化，最终使子孙后代丧失更加充分研究、观赏该文物的机会。

文保人员应该对历史负责，为后代着想。对历史高度负责、为后代着想的文保人员会因史料的完整，在文物保护整理后得到研究者、广大百姓和子孙后代的认可、赞美。

整理与保护并重，既要做好整理工作，还要做好保护工作，使两者相得益彰、互相促进。以良好的文物保护不断推进整理工作的进展，随着整理工作的不断进展而以更大的人、财、物投入保护之中。要始终认识到整理与保护其中的辩证关系：没有良好的保护，整理就是空中楼阁、必然不能持久；没有认真的整理，保护也就失去了其应有之意，保护便没有什么价值。

社会科学与自然科学充分结合，是以一切社会科学手段和自然科学的方法，调动研究人员与保护人员以及管理人员的积极性，充分利用社会科学和自然科学的力量，来完成三国吴简的保护整理工作。

总之，就是要本着对历史负责、为后代着想的精神，使两者充分结合，激励广大保护整理人员怀着神圣的历史责任感和长远的历史使命感为这一历史工程持之以恒、不懈奋斗；就是要坚持保护与整理并重，使保护与整理充分结合、互相促进，让两者在项目的进展中始终成为齐头并进的动力，不断创造出相得益彰的新成效；就是要使社会科学与自然科学充分结合，利用一切积极因素，调动一切有益力量，实现三国吴简保护整理项目的良性互动，争取保护和整理同时完成，为历史、为后代交上满意的答卷。

2. 工作原则与方法

走马楼三国吴简保护整理工作受到了国务院、国家文物局及省市各级领导的高度重视。将长沙三国吴简的保护整理与利用工作立项，对加强三国吴简的保护、整理、研究工作，对提高我国文物科技保护的水平，促进文物事业发展具有重大意义。自 2002 年开始，长沙简牍博物馆在国家文物局指导下用了近两年的时间，完成《三国简牍保护整理项目总体方案》的专家论证、方案修改等工作，并明确了吴简保护整理的具体工作原则与方法。

1）吴简科技保护

长沙走马楼三国简牍科技保护遵循科技领先，专家把关，科学论证，择优从善，深化应用，横向拓展，不断创新的原则。在应用简牍保护技术过程中，不断地改进、完善，并进行深化研究。在项目中开辟新课题，带着课题做项目，不仅提高完成项目的质量，而且能够锻炼队伍，培养人才。

在吴简科技保护的具体操作中，侧重于脱色、脱水流程的优化，并根据吴简的质地、颜色的不同而部分调整技术参数。应在保证质量的前提下，考虑工作计划的进度与数量。在项目总体方案实施的时候，要因事制宜，保质而行，不宜过高追求数量。

2）吴简整理出版

吴简整理出版工作原则和方法是：开放合作，专家考评，优化组合，合同保证，分卷委托，分组轮作，统一规范；变一家为数家，扩大合作对象，加快整理出版的速度。在原合作单位中国文物研究所、北京大学的基础上，对故宫、中国社会科学院历史所、武汉大学等单位的有关专家进行了考察，择优聘用。

3）管理原则与方法

始终贯彻质量第一的原则，尽量利用一切优秀的管理思想、成熟的管理方法、有效的管理手段，针对各项工作的特点、难点，事先制定出一整套工作流程，实现事前备有方案、事中做好控制、事后及时总结，并在工作的过程中不断地调整、修改、完善；密切注意各环节之间的相互联动以及团队之间、成员之间的相互协调关系，充分利用一切积极因素，调动项目参与人员的积极性、主动性，不断提高大家的工作效率与效益；认真制定相关工作制度，从严监督执行，切实提高管理水平。

3. 吴简保护项目管理的目标

明确吴简保护整理项目的目标是关系项目成败的衡量标准，是项目所有工作的终极指向。即要明确实施该项目的目的，项目要达到什么样的结果，如何实施该项目，项目工作的具体内容等。

1）简牍保护项目目标的基本特征

要明确简牍保护整理项目的目标首先必须科学认识简牍文物的特点。简牍文物具有的主要特征包括：

①不可再生性和不可替代性，作为历史鉴证的实物形态存之于世，如这一实物形态不存在，即使可再复制也不能恢复原有形态。简牍都有自身特有的历史、文化、科学价值，而不能以相近物替代。这就像"时光不能倒转"，文物损毁不能复生。

②稀缺性和个别性，不可能大批量的复制和生产。这个特征，决定了简牍文物工作的普遍原则是保护为主。

③简牍文物作用的永续性。简牍是带有文字的文物，具有重要的研究价值。文物上的文字是对当时社会历史风貌的最直接记载，从历史学的角度分析具有无可替代的价值。长沙走马楼三国吴简的内容丰富，对于研究孙吴的社会经济、政治制度、职官设置、文书制度、社会生活、历史地理以及简策形式的演变乃至书法文字都具有重要价值。因此，简牍文物不仅是要保护好，还要整理出版并长期保存下来，并加以研究。

④简牍保护的复杂性与艰巨性。经过1700多年的地下环境的影响，走马楼竹简的化学结构已发生了巨大的变化，出土后其上的文字已不易辨识且数量巨大，竹质本身已饱含水分。如何显现走马楼竹简上的文字并使简牍脱水后长久保存，这是摆在文物保护工作者面前亟待解决的课题。

2）简牍保护整理项目管理目标的特点

简牍文物的特征，对简牍保护整理项目管理目标提出了要求，简牍保护整理项目管理目标应具有以下特点：

①多目标性。简牍保护整理项目管理的目标不是单一的，而是一个多目标的系统，而且不同目标之间彼此相互冲突，需要对保护整理项目的多个目标进行权衡。

简牍保护整理的目标是要保护整理好 10 万余枚简牍，完成其入库、科技保护、拍照释文、整理出版的任务，使其完好保存下来，同时，还要有效利用开发其文化鉴赏价值。

目标之间也可能相互矛盾，如为使吴简文字获得清晰的拍摄效果，便于研究者阅读考释，需对其进行脱色处理，但脱色中使用化学制剂又会影响长期保存，因此，为消除脱色过程中残留于竹简中的化学试剂，避免残留物对竹简长期保存造成不利影响，用蒸馏水将已照相竹简浸泡置换几次，直到无残留为止。这就是目标的权衡。

②优先性。简牍保护整理项目是一个多目标的系统，因此，不同层次的目标，其重要性必不相同，也往往被赋予不同的权重。简牍保护整理项目管理与其他文物管理一样，要遵循"有效保护，合理利用，加强管理"的原则，简牍保护居于优先地位，这种优先权重对项目负责人的管理工作有一定的指导作用。

③层次性。简牍保护项目管理目标是一个有层次的体系，其最高层是总体目标。吴简保护整理项目，包括保护和整理是互为密切联系的两大方面，二者密切相关，保护是基础，整理是保护工作的深入，既对保护工作的质量提出要求，也是保护的目的之一，为进一步的研究创造条件。在保护整理总体目标下，可以把保护整理工作划分为若干子项目，每个子项目又包括若干具体的工作任务，每个子项目、每一项具体任务都有明确的目标，从而形成多层次的目标体系。

4. 吴简保护项目目标的内容

本项目要以科学的发展观为指导，以综合研究与分析方法为手段，引入新的思路、新的方法、新的技术于简牍整理和保护的领域，探讨简牍保护整理项目的管理创新。

1）总目标

该项目遵照国家文物局文物博函［2004］443 号文关于《长沙走马楼三国简牍保护整理项目总体方案》的批复实施。计划在 2004～2011 年，用 7～8 年的时间完成 10 万余枚吴简的入库、科技保护、拍照释文、整理出版的任务。建立一套有创新意识的简牍整理保护项目管理系统，为进行更广泛、全面的竹木漆器类文物的保护提供可借鉴的经验。

确保项目质量，不断加大科技含量，有步骤地加快信息管理系统的建立与应用，加强科技人才的培养，全面提升管理水平与业务能力，力争在"十一五"期间圆满完成这一国家重点文物科技保护项目。

2）分阶段目标

在项目进展中，做到年初有计划，年终有总结；要注重质量意识、创新意识和团队精神的培养，重视与合作单位的协调配合，努力营造一种团结干事、富有成效、和谐共进的局面；逐步建立起一套适合于长沙三国吴简自身特点、质量有保障的工作运行管理机制，为项目的持续实施奠定较好的基础。

按照《长沙走马楼三国简牍保护整理项目总体方案》，分阶段推进项目的工作，每一阶段的工作都要扎实有效，为后续工作奠定坚实的基础。具体计划如下：

①脱色拍照工作。全部完成需用 5 年左右时间，即从 2004 年起，于 2008 年上半年完成。

②脱水保护工作。全部完成用 13 年时间，即从 1997 年起，于 2010 年完成，主要脱水工作是在 2004 年～2010 年。包装采取分期分批交叉作业法，可在简牍全部脱水后的第二年完成，即 2010 年。

③整理编撰出版工作。全部完成需用 7～8 年时间，力争在 2010～2011 年完成三国简牍 10 卷本的出版工作。

④库房设施与保管设备。工作完成时间为 2005 年。

⑤2007 开始建立长沙三国简牍资料数据库，至 2011 年完成简牍资料的建档入库等馆藏工作，完善简牍数据库建设，文图并茂，检索一体化。

5. 吴简保护项目的范围

1）吴简保护项目范围确定的意义

吴简保护整理项目的范围，是指为了成功达到项目的目标，项目所规定要做的工作。吴简保护整理项目范围的确定就是明确项目的工作边界，划定哪些方面是属于项目应该做的，哪些是不应该包括在项目之内的。

项目范围确定的结果是形成工作结构分解图（WBS）。工作分解结构确定了项目的整个范围，即工作结构分解图以外的工作不在项目范围之内。工作分解结构是由项目各部分构成的、面向成果的树型结构。该结构定义并组成项目的全部范围。

项目分解就是把项目整体分成较小的、更易管理的不同组成部分。因此，确定项目范围对项目管理来说具有以下作用：

①提高经费、时间和资源估算的准确性。吴简保护整理的工作边界定义清楚了，项目的具体工作内容明确了，就为项目所需的经费、时间、资源的估计奠定了基础。

②确定进度和控制的基础。项目范围是项目计划的基础，项目范围确定了，就为项目进度计划和控制提供了基准。

③有助于明确地分配任务。项目范围的确定，也就确定了项目的具体工作任务，为进一步实施项目任务奠定基础。

为做好吴简保护整理项目的管理，必须对保护整理项目范围进行科学确定，明确任务，便于有计划、有步骤、分阶段地开展工作。

2）吴简保护项目范围的确定

根据项目范围确定的基本理论，结合吴简保护整理项目特点，把吴简保护整理项目科学划分为四个子项目。即科技保护、整理研究、出版、库房保管收藏。

①科技保护。科技保护子项目的具体任务包括：a. 脱色，在特定的条

件下有针对性地使用各种有效方法来对长沙走马楼竹简进行脱色处理，使之表面呈现出浅黄色，字迹比较清晰；b. 脱水，吴简出土前埋藏于地下潮湿古井 1700 余年，极度糟朽，腐蚀严重，必须抓紧时间进行脱水处理，以便长期保存；c. 防霉防虫药品，无论是库房还是陈列室中的竹简，都要注意防虫防霉。选用合适的防虫防霉剂以确保竹简的长期保存；d. 工作设备，吴简科技保护需要购置必要的设备、设施及工具器具等；e. 改进技术方法，近年来，我国在饱水竹木器的科技保护方面已经积累了一定经验，如何根据吴简的特点，改进技术方法，是吴简科技保护的关键环节；f. 包装，要保证竹简长时间不变形，脱水后的后期保管就很重要。主要是通过包装来控制形状，必须将竹简用玻璃条固定 6 个月，有了半年的稳定期，竹简形状就可稳定下来。

②整理研究。整理研究子项目要求整理者有考古学的知识，还需要有娴熟的鉴别水平与技能，具体工作包括：a. 剪贴；b. 释文，即将简牍上的文字变成今天的文字，并加以句读；c. 考释注解索引编目，即将简牍文字的专门术语、名词和称谓等的准确含义进行解释，并进行索引编目；d. 校对；e. 研讨，即对简牍文字的内涵就其内容的性质、作用和意义等等进行系统的研讨；f. 工作设备，整理研究所需的工作设备购置与安装调试等。

③出版。出版包括发表释文（包括在杂志上发表考古简报），出版简装本，即释文本，内容包括释文、注释；根据社会反馈情况，进行修订，出版正式的整理报告。出版子项目的具体任务是：a. 拍照，文物摄影专家按简号进行照相，以达到出版要求，并同步进行数码拍照，以留作资料备查；b. 冲印；c. 校刊；d. 印刷。

④库房保管收藏。库房保管收藏子项目的具体工作任务是：a. 安全设施；b. 库房温度湿度控制设备；c. 防霉防虫药品；d. 文物柜架。

按管理学原理设计的吴简保护整理项目网络图简明完整地概括了项目的范围与需用的工作时间，使管理者与团队成员便于了解与掌握。通过对吴简保护整理项目的分解，使任务明确，为项目的顺利实施奠定了基础。

6. 吴简保护项目组织与组织工作

组织是一切管理活动取得成功的基础，吴简保护整理项目管理作为一种新型的管理方式，其组织机构与传统的组织观念有相同之处，但由于项目本身的特性，决定了项目实施过程中其组织管理具有特殊之处。吴简保护整理项目管理与传统文物保护整理组织管理的最大区别之处在于项目管理更强调项目负责人的作用，强调团队的合作精神。

吴简保护整理项目管理组织是为完成吴简保护整理的特定任务而由不同部门、不同专业人员所组成的一个特别工作组织，它不受现存的职能组织构造的束缚，但也不能代替各种职能组织的职能活动。是将保护整理工作分解并安排给组织的成员，以有效地实现吴简保护整理目标的过程。

吴简保护整理组织工作是将组织的成员与保护整理任务有机地结合起来，是为实现吴简保护整理目标而进行的一系列管理活动，即组织目标确定的情况下，将实现组织目标所必须进行的各项业务或加以分类组合，并根据管理宽度原理，划分出不同的管理层次和部门，将监督各类活动所必需的职权授予各层次、各部门的主管人员，以及规定这些层次和部门间的相互配合关系。

吴简保护整理项目划分为科技保护、整理研究、出版、库房保管收藏四个子项目，每个子项目都至关重要，各子项目活动之间又相互联系。必须科学合理做好吴简项目的组织工作。

1）项目组织工作应遵循的原则

①目标统一性。简牍保护整理的各项具体业务活动的分目标，都是为了实现简牍保护整理的总目标的实现，目标层层分解，机构层层建立下去，每一个人都清楚自己在总目标的实现中应完成的任务。

②分工协调。分工就是按照提高简牍保护整理项目管理专业程度和工作效率的要求，将各阶段的任务分成各级、各层次以至每个人的目标和任务，是各个层次、各个部门，每个人都明确自己在简牍保护整理项目中应承担的工作职责和职权。有分工就必须有协调，项目各阶段和各环节要相互协调。

③管理幅度。根据项目特点及主管人员的情况，确定其监督、指挥其直接下属的人员的数量。

④权责一致。即职权和职责必须相等。要明确规定简牍保护整理各个部门的职责范围，又要赋予完成其职责所必需的管理权限，职责与职权必须协调一致，要履行一定的职责，就应该有相应的职权。权力是在规定的职位上行使的权力。领导人员率领隶属人员去完成某项工作，必须拥有包括指挥、命令等在内的各种权力。责任是在接受职位、职务后必须履行的义务。在任何工作中，权与责应当对等。

⑤统一指挥。简牍保护整理项目必须实施统一指挥，避免多头领导和多头指挥。执行者负执行之责，指挥者要负指挥之责，在指挥和命令上，严格实行"一元化"的层次联系。

⑥效果与效率原则。简牍保护整理项目不但要顺利进行，同时要有成果，要有效率。简牍保护整理任务艰巨，时间性要求较高，在保证质量的前提下，还要提高工作效率，以保证项目按期完成。

　2）吴简保护项目的组织结构

　长沙走马楼三国简牍保护整理项目组织者为湖南省文物局，该局文物处负责项目实施过程的检查、管理、指导等项工作；长沙简牍博物馆为项目的承担单位，负责该项目实施的具体工作。长沙简牍博物馆是我国新建的首家关于简牍方面的专题博物馆，基础设施较为先进，工作室、实验室、库房基本设施俱全，并不断地加大对科技设施硬件的投入。研究人员具有多年的保护整理的工作经验与专业知识，专业技术人员年轻化。从而形成了从中央到地方较为健全、合理、完善的组织管理机构与人员。其组织结构如下：

　项目管理授权单位：国家文物局

　项目组织领导单位：湖南省文物局

　项目执行单位：长沙简牍博物馆

　单位法人代表：宋少华（2003～2007年）

　　　　　　　　李鄂权（2007年～　　　）

　项目负责人：宋少华

项目合作单位：中国文物研究所、北京大学、荆州文保中心、文物出版社

科技保护责任人：胡继高、方北松

顾问：王丹华、胡继高、奚三彩、陈中行

整理分组责任人：李均明、王素、胡平生

顾问：田余庆、吴荣曾

出版单位：文物出版社

责任编辑：蔡敏

第二节 三国吴简保护项目负责人的职责与能力

为保证吴简保护整理项目的顺利实施，确保实施的质量和进度，我们在国家文物局、省文物局的指导下，按项目管理的要求，科学地划分职责，明确责任，实行项目负责人负责制。在项目的管理机制、合作方式的变革上做了一些大胆有益的尝试，并取得很好的效益。在实施过程中，我们深切感受到项目负责人在项目实施管理中毋庸置疑的统率、协调作用，它决定着项目完成进度与质量。因此确立项目负责人的职责与能力，加强对项目责任人的管理，应成为项目管理中不容忽视的环节。

1. 项目负责人的职责

长沙简牍博物馆是项目的执行单位，负责吴简保护整理项目的管理。

吴简保护整理项目负责人，负责项目的组织、计划及实施全过程，以保证吴简保护整理的成功完成；是项目有关各方协调配合的桥梁和纽带，处在项目各方的核心地位，负责沟通、协商、解决各种矛盾、冲突、纠纷的关键人物。

同时，吴简保护整理项目负责人是项目信息沟通的发源地和控制者，在项目实施过程中，来自项目外的重要信息、指令要通过项目负责人来汇总、传递、交流；对项目内部，项目负责人既是该项目实施的组织管理者，又是该项目细节上的关注者和设计人，是各种重要指标、决策、计

划、方案、措施、制度的决策人和制定者。

项目负责人的任务就是要对项目实行全面的管理，对整个工作各环节的理性思考，具体体现在对项目目标要有一个全局的观点，并制定计划，报告项目进展，控制反馈，组建团队，在不确定环境下对不确定问题进行决策，在必要的时候进行谈判及解决冲突。

1）吴简保护整理项目负责人对于所属上级组织的责任

吴简保护整理项目的管理授权单位是国家文物局，项目组织的领导单位是湖南省文物局。项目负责人要与上述上级组织及时、准确地联系、认真负责的从事管理工作。要及时让上级组织的领导了解项目的实施进展情况。具体包括：

①保证吴简保护整理项目目标符合上级组织的目标。吴简保护整理项目的实施，是国家、湖南省、长沙市保护文化遗产的重要内容，项目的成功实施将促进简牍保护整理管理模式、技术水平的提升。

②有效利用和管理国家文物局拨给项目的专项资金。在国家保护文物的资金有限的情况下，对简牍保护整理项目给予经费上的支持，体现了党和国家对长沙走马楼三国吴简保护整理项目的高度重视。因此，要按照有关规定科学合理使用经费，保证有限的经费效能得到最大发挥。

③及时与国家文物局、湖南省文物局就项目进展进行沟通，及时将项目的进展信息，如进度、经费使用情况、质量向上级汇报，便于上级组织从宏观角度进行指导，同时可以取得上级对本项目的各方面的支持。

2）吴简保护整理项目负责人对本单位所承担的责任

吴简保护整理项目负责人对本单位应承担的责任主要表现在：

①保证吴简保护整理项目的目标与本单位的目标相一致。吴简保护整理项目的顺利实施，是长沙简牍博物馆核心业务，是博物馆发展的基础。

②对长沙简牍博物馆用于项目的资源进行适当的管理，保证在资源约束条件下，使资源能够充分有效的利用。

③与长沙简牍博物馆领导进行及时有效的沟通，及时通报项目的进展状况，成本、时间等资源的花费，项目实施出现的新问题，以及将来可能发生的问题等，共同研究制定有关对策。

3）吴简保护整理项目负责人对所管项目及项目组的责任

①项目负责人对项目应承担的责任：

对吴简保护整理项目的成功负有主要责任，对项目实际计划、监督与控制，保证项目按时、在预算内达到预期效果。

保证项目的整体性。在项目实施中，自始至终以高质量完成吴简保护整理工作为目标，积极解决在项目实施过程中的各种冲突，化解矛盾，平衡利害关系。

②项目负责人对项目小组所应承担的责任：

根据吴简保护整理项目的特点，把吴简保护整理工作划分为科技保护和整理两个分组，并明确相应责任人。吴简保护整理负责人对项目组应承担的责任包括：

项目负责人有责任为项目组成员提供良好的工作环境与氛围。吴简保护整理项目负责人是项目的负责人和协调人，首先要保证项目组成员形成一个好的工作团队，成员之间密切配合，相互合作，使项目组有良好的团队精神和工作氛围。对项目组的关键成员及高级专家要特别关照。

项目负责人有责任对项目小组成员进行绩效考评。建立一定的考评制度，对项目组成员的工作进行监督与考评，以激励员工的积极性。

2. 简牍保护项目负责人的能力要求

根据简牍保护整理项目的特点及要求，其项目负责人除了要在项目的计划、组织和控制等方面发挥领导作用外，更重要的是具有专业技术能力。具体而言，简牍保护整理项目负责人应具有以下能力。

1）全面的经验储备

简牍保护整理项目的实施，具有较强的专业性，项目负责人要熟悉简牍保护整理项目，具有简牍保护整理经验。所谓经验就是用理论指导实践，再由实践上升为理论，理论又用来指导实践。因此，项目负责人首先要具备良好的简牍保护整理专业基础，这样才能在保护整理过程中运用理论指导实践。同时，项目负责人要具备丰富的管理经验，最好具有在不同岗位、不同部门工作的背景。

2）谈判及广泛沟通的能力

简牍保护整理项目在实施过程中，存在各种各样的冲突，项目负责人的谈判能力是顺利解决冲突的关键。简牍保护整理项目负责人所具备的良好的沟通能力会影响其他成员的思想和行为。项目开发过程中，项目负责人要与上级主管部门、项目团队和本单位的高层管理层进行沟通和协商工作。一般情况下，不能以强硬手段来操作，只有通过良好的沟通，才能产生预期的效果。

3）领导才能及管理技能

简牍保护整理项目负责人，肩负保证项目成功的责任，需要具有很强的领导才能。要有快速决策的能力，能够在动态的环境中收集并处理相关信息，制定有效的决策。

项目负责人是通过项目团队来取得工作成果的，其工作主要是激励项目成员齐心协力地工作，以成功完成计划，实现项目目标。

简牍保护整理项目负责人，应积极采取参与和顾问式的领导方式，亲自参与项目实施，每天检查工作进度和工作质量，以这种方式为项目团队提供导向和教练作用。这种方法较之等级制的独断和指挥性的管理方式更行之有效。

简牍项目领导工作需要项目成员的参与和授权。根据吴简保护整理项目的特点，总体项目划分为科技保护组和整理组，并明确具体责任人。由责任人负责小组的具体工作，并在自己的职责范围内拥有决定权。这样，他们会承担责任，不辜负信任，按时在预算范围内开展工作。

项目负责人在具备领导才能的基础上，还应掌握一定的管理技能，如计划、人力资源管理、预算、进度安排等。

4）人员训导能力

保护整理项目负责人要对项目成员进行训练和培养。项目负责人应创造一种学习环境，使员工能从他们所从事的工作中，从他们所经历或观察的形势下获得知识。

在开始分配项目任务时约见团队成员，鼓励他们根据自己的任务去扩展其知识和技能。

保护整理项目负责人还应鼓励成员进行创新、承担风险、做出决定，这也是学习和发展的良机。项目负责人应尽可能给成员分配很全面的任务，使他们的知识更加丰富，能出乎意料地完成任务。鼓励阅历不足的成员向经验丰富的成员学习。

5）应付危机及解决冲突的能力

简牍保护整理项目的唯一性，意味着项目实施过程中常常会面临各种风险和不确定性，会遇到各种各样的危机，如设备问题、技术处理问题、简牍病变等。项目负责人要保持镇定冷静，使项目团队不要因惊慌和挫折而陷入困境。项目负责人应该具有对风险和不确定情况进行定性评价的能力，通过经验的积累及学习过程提高应对危机的能力。同时，项目负责人还应通过与项目成员之间的密切沟通及早发现问题，预防危机的出现。

吴简保护整理项目在实施过程中，也会产生一些冲突，如项目组成员之间、项目组与职能部门之间、项目甲方与乙方之间的各种各样的冲突。冲突的产生会造成混乱，必须及时有效解决，冲突得到有效解决的同时，还可以增强项目成员的参与性，促进信息的交流。了解这些冲突发生的关键，并有效地解决它是项目负责人应具备的一项重要能力。

第三节　三国吴简保护项目的全面质量管理

项目负责人的核心统率作用要通过项目组全体成员的共同努力才能圆满实现。而要达到终极目标，则必须依靠科学的管理体制。现代意义上的全面质量管理恰为我们实现最终目标提供了一条最科学的路径。吴简保护整理项目的质量管理工作要求仔细周到并清楚界定所有的要求，使任务每次都能够正确地完成。吴简保护项目的高质量要求，强调对项目全过程、各阶段、各环节实施全面质量管理。

1. 吴简保护整理项目质量管理思路——全面质量管理

长沙走马楼三国吴简是不可多得的历史文献资料，具有极其重要的研究价值。因此，必须尽最大努力想尽一切办法，及时妥善、完整、长期地保存这份珍贵的遗产。简牍保护整理项目质量要求不同于一般项目，要尽可能地保护好每一片竹简，不允许在任何一个环节、任何一个步骤出现疏漏。

吴简保护整理项目质量管理，是确保项目能够满足目标要求的过程，是指在一定技术、经济和社会条件下，在科学保护原理的基础上，运用先进的技术和方法，为实现甚至超过项目质量目标而采取的活动。

项目的可靠性来自于质量管理，质量管理工作要求仔细周到地营造一个能够清楚界定所有的要求，使业务每次都能够正确地完成。因此，需要对吴简保护项目进行全面质量管理。

全面质量管理在早期称为 TQC，以后随着进一步发展而演化成为TQM。菲根堡姆于 1961 年在其《全面质量管理》一书中首先提出了全面质量管理的概念。菲氏的全面质量管理观点在世界范围内得到了广泛的接受。但各个国家在实践中都结合自己的实际进行了创新。特别是 20 世纪80 年代后期以来，全面质量管理得到了进一步的扩展和深化，其含义远远超出了一般意义上的质量管理的领域，而成为一种综合的、全面的经营管理方式和理念。在这一过程中，全面质量管理的概念也得到了进一步的发展。1994 版 ISO 9000 族标准中对全面质量管理的定义为：一个组织以质量为中心，以全员参与为基础，目的在于通过让顾客满意和本组织所有成员及社会受益而达到长期成功的管理途径。这一定义反映了全面质量管理概念的最新发展，也得到了质量管理界广泛共识。

2. 吴简保护整理项目实施全面质量管理的基本要求

由于吴简保护整理项目质量的特殊性，要求在吴简保护整理项目中实行全过程、全员的质量管理。

1）全过程的质量管理

简牍保护整理项目，包括揭剥清洗、脱色拍照、脱水修复、点交验收与日常管理等阶段。从全过程的角度来看，质量产生、形成和实现的整个过程是由多个相互联系、相互影响的环节所组成的，每一个环节都或轻或重地影响着最终的质量状况。为了保证和提高质量，就必须要把质量形成全过程的各个环节或有关因素控制起来，形成一个综合性的质量管理体系，做到以预防为主，防检结合，重在提高。为此，全面质量管理强调必须体现如下两个思想。

①预防为主、不断改进的思想。吴简保护整理的质量，是通过科学方案设计和每个环节、每个工艺创造出来的，而不是靠事后的检验决定的。因此，简牍保护整理全面质量管理必须把管理工作的重点，从"事后把关"转移到"事前预防"上来；从管结果转变为管因素，实行"预防为主"的方针，做到"防患于未然"。当然，为了保证项目质量，防止不合要求的竹简流入下道工序，并把发现的问题及时反馈，防止再出现、再发生，加强质量检验在任何情况下都是必不可少的。强调预防为主、不断改进的思想，不仅不排斥质量检验，而且甚至要求其更加完善、更加科学。质量检验是全面质量管理的重要组成部分，行之有效的质量检验制度必须坚持，并且要进一步使之科学化、完善化、规范化。

②为顾客服务的思想。吴简保护整理的顾客有内部和外部之分，外部的顾客包括从事吴简研究的人员和观赏的民众等；内部的顾客是项目各部门和人员。实行全过程的质量管理要求项目各个工作环节都必须树立为顾客服务的思想。内部顾客满意是外部顾客满意的基础。因此，在项目内部要树立"下道工序是顾客"，"努力为下道工序服务"的思想。简牍保护整理是一环扣一环，前道工序的质量会影响后道工序的质量，一道工序出了质量问题，就会影响整个过程以至吴简保护整理质量。因此，要求每道工序的工序质量，都要经得起下道工序，即"顾客"的检验，满足下道工序的要求。

2）全员的质量管理

吴简保护整理项目质量是保护整理各环节工作质量的综合反映。任何一个环节，任何一个人的工作质量都会不同程度地直接或间接地影响着项目质量。因此，质量人人有责，人人关心项目质量，人人做好本职工作.全体参加质量管理，才能保证吴简保护整理项目的质量。要实现全员的质量管理，应当做好三个方面的工作。

①必须抓好全员的质量教育和培训。第一，加强职工的质量意识，牢

固树立"质量第一"的思想。第二,提高员工的技术能力和管理能力,增强参与意识。根据吴简保护整理各阶段工作的特点,认真对员工进行理论培训和现场操作培训。

②实施保护整理各环节、各工序的质量责任制,明确任务和职权,各司其职,密切配合,以形成一个高效、协调、严密的质量管理工作的系统。

③开展多种形式的群众性质量管理活动,充分发挥项目员工的聪明才智和当家做主的进取精神。

3)全项目质量管理

即要求项目各个部门都要参加质量管理,充分发挥各自的质量职能,又要相互协调一致。项目各层次都有自己的质量管理活动,上层管理侧重于质量决策,组织协调,保证实现项目的质量目标;中层管理要实现领导层的质量决策,执行各自的质量管理职能,进行具体的业务管理;基层管理则要求员工按规范、按规章制度进行工作或操作,完成具体的工作任务。由此组成一个完整的质量管理体系,实行全项目的质量管理。

3. 吴简保护整理项目全面质量管理的实施

1)项目负责人重视并参与

项目负责人的任务就是要对项目实行全面的管理,因此,质量决策和质量管理应是项目负责人的重要职责。国内外实践已证明,开展全面质量管理,项目负责人首先必须在思想上重视,必须首先强化自身的质量意识,必须带头学习、理解全面质量管理,必须亲身参与全面质量管理,必须亲自抓,一抓到底。这样,才能对项目开展全面质量管理形成强有力的支持,促进项目的全面质量管理工作深入扎实、持久地开展下去。

2)全员参与

各级人员都是组织之本,只有他们的充分参与,才能使他们的才干为组织带来收益。吴简保护整理项目质量是博物馆所有部门和人员工作质量的直接或间接的反映。因此,吴简保护整理项目的质量管理不仅需要项目负责人的正确领导,更重要的是全员参与。在吴简保护整理项目实施中,根据各项工作的特点、难点，事先制订出一整套工作流程，并在工作中不断地调整、修改、完善。同时密切注意各环节之间的相互联动以及团队之间、成员之间的相互协调关系。

3）抓住思想、目标、过程、技术四个要领

①全面质量管理是一种科学的管理思想。在推行全面质量管理过程中，根据吴简保护整理项目的自身特点，必须在思想上牢固树立质量第一、提高社会效益为中心的指导思想，不断改进质量等一系列适应文物保护整理项目管理和知识经济时代的新观念。在此基础上，不断强化质量意识，综合地、系统地不断改进项目实施各环节、各步骤的质量。

②吴简保护整理全面质量管理必须围绕一定的质量目标来进行。通过明确的目标，引导项目方方面面的活动，激发全体员工的积极性和创造性，进而衡量和监控各方面质量活动的绩效。没有目标的行动是盲目的行动，也很难深入持久，很难取得实效，甚至可能造成内耗和浪费。只有确立明确的质量目标，才有可能针对这个目标综合地、系统地推进全面质量管理工作。

③吴简保护整理项目的质量目标是通过一个科学而有序的过程来实现的。质量管理理论认为，任何活动都是通过"过程"实现的。通过分析过程、控制过程和改进过程，就能够将影响质量的所有活动和所有环节控制住，确保吴简保护整理的高质量。因此，在开展吴简保护项目的质量管理活动时，必须要着眼于过程，要把活动和相关的资源都作为过程进行管理，才可以更高效地得到期望的结果。

④全面质量管理是一套能够控制质量，提高质量的管理技术和科学技术。它要求综合、灵活地运用各种有效的管理方法和手段，从而有效地利用项目资源，完成吴简保护整理的目标。目前，全面质量管理的很多方法和技术都引起了广泛的重视，并且在实践中发挥了重要的作用，包括统计质量控制技术和方法、水平对比法、六西格玛法等。

4. 以事实为基础进行决策

有效决策是建立在数据和信息分析的基础上。为了防止决策失误，必须要以事实为基础。为此必须要广泛收集吴简保护整理过程中的信息，用科学的方法处理和分析数据和信息。不能够"凭经验，靠运气"。这样才能有效保证吴简保护整理项目质量。

5. 做好各方面的组织协调工作

开展吴简保护整理项目的全面质量管理，必须进行组织协调。首先必须明确各部门的质量职能，并建立健全严格的质量责任制。全面质量管理不是哪个部门的事情，也不是哪几个人的事情，而是同保护整理项目有关的各个工作环节的质量管理的总和。同时，这个总和也不是各个环节活动的简单相加，而是一个围绕着共同目标协调作用的统一体。必须明确各有关部门在质量管理方面的职能并规定其职责，以及围绕一定的质量目标所承担的具体工作任务。如果各部门所各自承担的质量职责没有得到明确的规定，全面质量管理的各项工作就不可能得到有效的执行。

此外，还必须建立一个综合性的质量管理机构，从总体上协调和控制上述各方面的职能。要把各方面的活动纳入质量管理体系的框架中，使质量管理体系有效地运转起来，从而以最少的人员摩擦、最少的职能重叠和最少的意见分歧来获得最大的成果。

第四节　吴简科技保护的全面质量管理实施案例

三国吴简科技保护工作的质量，是吴简保护整理项目成功的保障和基石，是吴简整理出版顺利实施的前提条件。我们秉承全面质量管理的理念，从三国吴简保护项目中简牍的揭剥清洗、脱色拍照、脱水修复、点交验收四项基础工作入手，对每项工作设计了整套操作流程，并对流程中的各道工序进行细致的分解，明确了责任人与质量要求，并在实施过程中，通过对"过程"的分析、控制与改进，通过对各重点环节严密监控，并有效地协调全体成员之间的互动关系，从而形成了一个高效、科学、有序的良性循环的工作局面，为确保吴简的质量奠定了坚实的基础。

1. 吴简揭剥、清洗工作质量控制

1）明确责任人和要求

明确总负责人、责任人和工作人员；明确竹简出库入库责任人、验收登记责任人。总的要求是严肃认真，细致耐心，科学严谨。

2）工作步骤及要求

①拍照。a. 简牍清洗之前必须拍照，重要者应录像。b. 根据发掘的原始记录，按叠压顺序拍照。c. 翔实记录简册所在的区域号、存放盆号及完整件分号。

②绘图。a. 绘制每盆简牍的平面图、层位图，图照一致。b. 对成册的简牍要绘制平面图、立面图，翔实记录所在区域号、盆号、分号，注明绘图时间、比例、绘图者、姓名。c. 清理出的残木简、木牍、签牌等均须绘图、编号，记录方法同上。

③揭剥与编号。a. 揭剥前需与图、照仔细核对，确保无误后方可进行操作。b. 揭剥粘连紧实的竹简时，要细心观察竹简的排列叠压顺序。c. 在揭剥完整简册时，每一枚简需单独使用一个不锈钢号牌，编号不得重复。d. 揭剥竹简时耐心细致，轻挑徐进，左右观察，不可莽撞拉扯。e. 做好详细记录，及时补充原图、照片不足。特别是对较完整的简册，力求弄清楚其编联顺序。做到图上编号与钢牌号完全相符才可转入下一步清洗环节。

④清洗。a. 清洗实行独立作业，责任人将揭剥的简牍分发给清洗技术人员前，必须核对分发给每个人的数量，配发的钢牌数要与竹简数一致。b. 清洗前竹简须放入中性活性剂内浸泡约 30 分钟。c. 清洗时应先清洗背面，即无字的一面；发现两面有字，应减缓速度和力度。d. 清洗有字的竹面分三步进行：粗洗——清洗竹简无墨迹的地方及简所粘连较厚的淤泥；细洗——采用多次换水的方式清洗简字上和两字之间的泥垢；精洗——细致清洗凹凸不平的竹简，熟练地运用笔锋采用挑、抹、揉、点等技巧，剔除细小的泥垢。

⑤绑夹。按编号顺序绑夹好玻璃条，并在竹简上方插好编号钢牌。凡

有墨迹的竹简均要用玻璃绑夹，防止其再受损伤。

⑥验收入库。每日清洗干净的竹简，下班前必须由三人负责，各自清点一遍数量，并相互核实无误后做好登记，及时入库。

2. 简牍脱色拍照质量控制

1）明确责任人

项目负责人为总负责人，并明确执行负责人和工作人员。保护工作的记录由科技保护责任人负责，每次根据工作需要。由责任人指定一名技术工人为组长，负责执行保护技术工作的安排，维持日常工作的正常运转。随保护工作中发现的新现象，及时调整脱色工作中的技术参数，保证简脱色后的颜色要达到拍照要求。

2）总要求

严肃认真、耐心细致、职责明确、操作规范、服从调配。

3）工作步骤及重点要求

①竹简出库。明确出库负责人，由其负责将竹简出库移交给脱色组进行脱色，清点竹简数目。重点要求：移交手续清楚，自编号随简，不得错乱。

②竹简脱色。由科技保护负责人负责，其职责是：每30枚简为一单位，用单面玻璃绑扎，松紧适度，运用化学药品对竹简进行脱色，达到拍照要求。

重点要求：科学严谨，防止对竹简造成任何损害，自编号简序不得错乱。

③脱色后的核对、给号、排版及登记。在负责人领导下分工进行，每项工作明确具体责任人。a. 拆除玻璃：将单面绑扎的玻璃拆除，检查自编号，确保无误。b. 排版：按照色度深浅、长短及双面有字简等拍照要求对竹简进行排版（排至照相版）。c. 给号：按照拍照排版的顺序对竹简进行编号。d. 登记：按照拍照顺序进行版别及简号登记。

重点要求：移交清楚，排列得当，色泽一致，标注正反面有字简及自编号。

④拍照。由专人负责，其职责是按简号进行拍照，以达到出版要求，我方同步进行数码拍照，以留作资料备查。重点要求：细致认真、科学严谨。

⑤绑扎、核对。由专人负责，其职责是：拍照后依简号进行核对版号、总序牌号、绑扎玻璃及表格签名等。重点要求：每版由一人完成，责任到人，玻璃单面绑扎，总序牌号不得错乱，以备脱水。

⑥核对入库。由专人负责，其职责是将拍照后的竹简清点、核对数码照片无误后入库。

重点要求：认真细致、确保出入库的竹简数目一致，当日简必须当日入库。

案例一：

为了确保简牍脱色拍照的质量，在拍照前，项目负责人专门召开了全体人员工作研谈会，集思广益，征求意见，制定了周详的工作布置与岗位流程设计。详尽阐述各环节设置的意义与互动关系，明确岗位职责，强调责任与要求。

拍照流程及岗位人员图示如下：

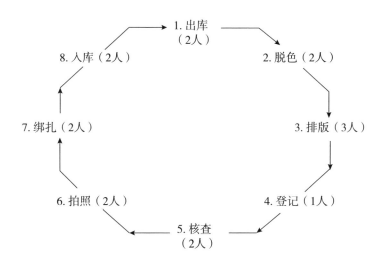

在拍照过程中，所有参与的工作人员都十分明了工作的重点与难点，以高度负责的态度投身其中，自觉服从项目责任人的统一调度与安排，体

现出了积极配合、团结协作的精神。当自己承担的工作任务完成之后，都能主动协助其他环节尚未完成的工作，例如绑简的工作。当某个岗位因他事出现临时空缺时，其他人也能自觉来分担，并且对发现的疏漏及时提醒、补救，例如排版、核查、拍照工作等。由于调度适时，配合得当，补位及时，使整个拍照工作进展顺利。

案例二：

在吴简脱色的过程中，我们发现存在竹简脱色后颜色深浅不齐的现象。为了保证吴简字迹清晰可识，我们随即提出了吴简分类处理的思路，即针对简牍的不同质地、不同颜色，采用不同药量、不同时长分开进行脱色。这一设想立即得到了合作单位荆州文保中心的认同与响应。然而，实施分类脱色将打乱原有编号的序列，为此，我们在工作流程中有针对性的增加了"分类"和"归号"两个环节，调整了原定的工作流程，图示如下：

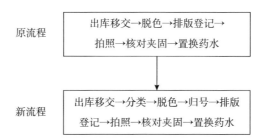

虽然这样做大大地增加了工作量，但是，采用分类脱色，因脱色药水具有针对性，有效地解决了竹简脱色后颜色深浅不一的难题，确保了拍照的质量。

3. 简牍脱水质量控制

1）明确责任人

在脱水过程中，改变竹简的绑夹方式，由双面绑夹改为单面，有利于化学试剂的渗透，便利操作。保护工作的记录由科技保护负责人负责。每次根据工作需要，由科技保护负责人指定一名技术工人为组长，负责执行保护技术工作的安排，维持日常工作的正常运转。随保护工作中发现的新现象，及时调整脱水工作中的技术参数，保证简脱水后的颜色和尺寸要达到文物保护的要求。

　　2）工作步骤及要求

　　①领取简牍。由科技保护负责人负责，其职责是核对从简牍博物馆库房移交过来的简牍，核对内容包括：简牍编号与数量，简牍完残程度、字迹保存状况，办理移交。之后按每30支简牍分为一盒，全部重新入盒上架。每天下班时，关好水电。要求做到细致耐心，准确核对，记录全面，若有特殊情况即与简牍博物馆联系协调。

　　②脱水前预处理。由专人负责，工作是改变简牍包装，使之利于化学试剂的渗透并保持简牍号码不乱。每天下班时，关好水电。要求按执行负责人的技术要求严格操作，尤其保证残碎简牍不致散乱。

　　③脱水处理。责任人按时、按类别、按比例更换化学试剂，定时打开工作设备，根据安排在填充试剂渗透充分后分批取出简牍。每天上班打开工作设备之前，必须先排气5分钟。每天下班时，关好水电。要求按执行负责人的技术要求严格操作，尤其注意操作安全。

　　④脱水后的后处理。由责任人清除简牍上的多余填充剂。粘接断、裂的简牍。调整简牍颜色。每天下班时，关好水电。要求操作严谨、仔细。轻拿轻放，注意简牍序号。

　　⑤包装。由责任人负责清洗有机玻璃条，将经过后处理的简牍放入槽内封装好，并编号。每天下班时，关好水电。要求操作仔细。轻拿轻放，注意简牍号码。

　　⑥归还简牍。由科技保护负责人负责核对需移交给长沙简博馆的简牍，核对内容包括：简牍数量、完残程度及字迹保存状况。办理移交。每天下班时，关好水电。要求做到细致耐心，准确核对，若有特殊情况即与长沙简牍博物馆联系协调。

　　案例一：

　　由于吴简保存情况、材质和形制不一，为了保证脱水的良好效果，项目实施之中我们就开始针对简牍腐蚀程度、材质种类、形制宽窄和厚薄差异因材施药，分类脱水。这一改进的措施既巩固了脱色环节已取得的成果，又保证了上述不同特征表象简牍的缩水率达到基本一致。从而最终保证了简牍脱水后的质量。改进的工作流程，图示如下：

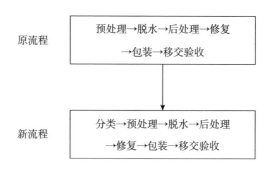

随着脱水工作的不断深入和经验积累，我们保证任务完成的速度的同时，着重加强对简牍脱水药剂填充时间、加热浸泡温度的精确控制与科学管理，更加注重整个脱水过程中的每一个环节的质量跟踪。2007年主动调整了每批次脱水竹简的数量，由2006年的每批次2000枚（2004～2005年每批次为3000～5000枚），改为每批次1000枚左右。这样做，虽然使竹简脱水的次数增加了一倍以上，增加了工作人员和设备的劳动量和劳动时间，推迟了竹简脱水完成的日期，但却能避免竹简在容器内浸泡时的拥挤状况，确保简牍脱水的质量。在容积相同的情况下，将浸泡简牍的总量减少一半，使用浓度相同、剂量相同的填充剂，无疑会使脱水竹简的填充物渗入得更加充分，质量更加得到保证。同时，工作人员在操作时，不会因为每次数量过多而流于粗疏，更能集中精力专注于操作的细致与重要环节的把握。

案例二：

我们对质量的管理，不仅仅满足于形式上的多批次与减少数量，还体现在重要环节的跟踪检查上。每当前一批次竹简脱水完成之后，立即进行质量跟踪抽样检查，发现问题及时总结经验教训，及时改进，达到要求后，方可进行下一批次竹简的脱水。只有遵循这种环环相扣、往复反馈、不断改进的方法，才能确保我们完成项目的质量。项目实施以来，我们累计完成了近八万枚走马楼竹简的脱水、修复处理，这为今后其他饱水简牍进行大规模的脱水工作，规范量化标准，达到全面质量管理的要求，提供了重要参考。这种工作模式，可归纳为：

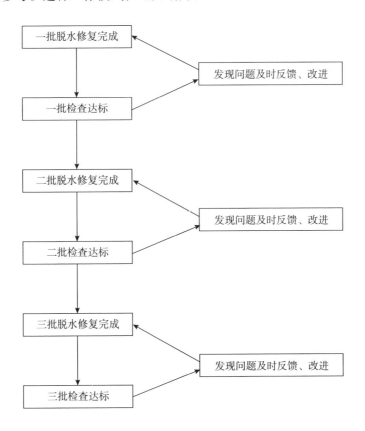

4　简牍点交验收的质量控制

1）明确责任人

明确总负责人、验收方和移交方负责人，并提出总要求，即严肃认真，耐心细致，职责明确，操作规范，配合默契，科学严谨。

2）工作步骤与要求

①竹简清点、搬运到位。由专人负责，根据工作需要，按编号先后顺序提取已脱水修复好的竹简，50 枚一盆装好，从脱水组搬运至点交验收工

作场地，依序整齐摆放于工作台面。要求认真仔细，小心取放，摆放不错漏，核校编号确保无误。

②点交、核对、验收。由责任人按编号顺序对已脱水竹简逐枚点交，对照图版或光盘照片进行核对，测量原长、现长、缩水率、残断缺失等，双方相互验证，并将比对结果报告记录人员。要求做到认真负责，精心细致，实事求是。

③归类统计、核实记录。责任人根据点交中所报给的各种数据，按顺序如实进行记录。根据原长与现长统计缩水率，根据原状与现状记录残断、缺失、变形、变色等情况。要求做到认真细致，科学真实，准确详尽。

④清点装盆。由责任人按序号逐枚进行清点核对，修改标注编号。按50枚一盆装入盒内，标注盆号、简号起止，写好数量及缺号情况说明条，置于每盆中。要求认真仔细，不错写漏写编号、盆号，标注清晰。

⑤修整、纠正问题。责任人的职责是，在点交过程中发现与原简不相符的、包装盒不标准等问题，及时提出并记录存档。甲方要求乙方再次进行修正或重新处理，直至达到甲方要求后方可接收。要求严格按文物原状修复，精益求精。

⑥完善交接手续。由专人负责，每天点交工作结束后，由接收方（甲方）向移交方（乙方）提交一份接收清单。甲乙双方签字，当事人各执一份保留存档。要求字迹工整，交接数字准确无误。

⑦简牍入库。由责任人负责将点交完的竹简，下班前全部进入库房。按盆号顺序核对无误后，搬运入库，再逐盆按次序入柜摆放。要求小心谨慎，轻拿轻放，摆放整齐。

案例一：

在吴简点交验收的过程中，如发现有问题，按照简牍实物、图版、电脑数码照片结合的方法进行复查，直到找出问题发生的根源所在，区分清楚相关责任，并且在验收工作结束后，写出内容详尽的点交验收报告。从2004年至2010年，共进行了十六批次7.6万余枚脱水、修复简牍的点交、验收工作，完成了十六批脱水后简牍的点交报告。

点交验收工作最初安排是每半年或半年以上进行一次。在管理程序上，我们将对脱水环节的质量管理的模式延伸到点交验收环节上面来，从而避免了因数量过多，检验时间拉得过长，存在问题较多，工作人员精神容易出现疲倦拖沓的状况而降低验收标准的现象。随时发现随时解决上一阶段的不足、疏漏，决不允许在下一阶段再出现。

由于引入了复检机制，缩短了复检周期，故在验收过程中发现的一些细小问题，例如：个别简牍与图版不符、个别简牍编号错误，修复缀合中错位与赘接，有机玻璃包装盒的尺寸不符等，都没有随意放过并及时得到改正。

我们在这十六次大批量简牍验收点交工作中，积累了很好的管理经验，已点交的近八万枚竹简，无一枚错号，无一枚丢失。当然，在实践中我们也体会到，吴简保护工作应在保证质量的前提下，考虑简牍脱水的数量与进度，要因事制宜，保质而行，切记避免片面地追求过高、过快的数量与速度。

第九章　与保护修复相关的研究工作

第一节　有关的课题研究

在走马楼三国吴简保护修复工作的过程中，2005 年相关单位开始承担国家"十五"科技攻关课题《高新技术在出土竹木类文物修复复原与保存技术的应用研究》（课题编号 04SK5008）。

承担课题研究的单位是长沙简牍博物馆。参加课题研究的单位有：荆州文物保护中心、武汉大学测试中心、武汉大学中国典型培养物保藏中心、北京讯德应用技术研究所、成都理工大学信息工程学院。

课题的主要研究内容是通过简牍变色机理和脱水机理的研究，筛选适合饱水简牍的脱色和脱水材料，完成简牍脱水前和脱水后的防菌、防霉材料的筛选及应用条件分析与研究，在此基础上，完成简牍脱水后保存微环境的控制技术研究和利用信息技术整合简牍上的文字信息。

1. 简牍变色机理研究

通过现代分析测试手段，确定简牍大分子结构中变色基团的种类、成分，与氧气等相互作用情况，同时研究寻找新的脱色剂。

2. 简牍脱水材料研究

研究饱水简牍在干燥过程中细胞结构的变化、简牍颜色的变化、填充材料在简牍内的分布情况等，同时研究寻找新的脱水填充材料。

3. 简牍保存技术研究

研究简牍在饱水状态下长时间存放时霉菌种类及其生长情况。鉴定走马楼简牍中霉菌种类，并据此开发新的生物环保材料。

4. 简牍文化与历史信息的提取和分析

通过对简牍文化信息的排列与自动识别技术的应用，了解三国孙吴时期的政治、经济、军事、文化、赋税、户籍、司法、职官等多方面的信息，深入了解、研究当时的经济关系、阶级关系、赋税制度、典章制度以及当时的社会生活等新的历史信息。

5. 简牍充氮保存柜

研究简牍脱水后科学保存的微环境系统装置，并提供设计方案。

通过课题组近两年时间的努力，依托走马楼三国吴简和湘西里耶秦简保护工程，按照简牍保护的技术要求，从出土简牍保护的主要研究内容入手，展开对其防霉、脱色、脱水、陈列与库房保管、信息提取与分析等方面的研究，并取得了预期成果。

通过对走马楼三国吴简饱水保存期有害微生物的分析研究，鉴定出其属于蜡状芽孢杆菌，并采取合适的防治方法，完全抑制了其生长。在分子水平揭示出了饱水竹木简颜色变化的化学机理，筛选出了性能优良的脱色试剂——连二亚硫酸钠。在对饱水简牍的微观结构、主要化学成分、含水率和多种脱水方法等基本因素的分析比较后，提出了以十六醇填充法作为饱水简牍的脱水方法。按照简牍类文物特点，设计制造了将保存与展示于一体的充氮保存系统，并获国家实用新型专利一项。按简牍类文物文字研究要求，开发了简牍信息分析计算机软件系统。

6. 饱水简牍脱色机理及脱色方法研究

有关研究工作由长沙简牍博物馆和武汉大学测试中心联合进行，以长沙走马楼吴国竹简和里耶秦代木简为代表性样品，摸索能暴露或保持简牍不同天然多级构造及成分原始状态的制样方法，并进行了筛选和优化。利用多种先进微区分析及成分分析手段，从宏观、微观、分子水平几个方面，研究饱水简牍与新竹木，以及脱色前后微观结构和组分的变化。以上述研究结果为指导，建立了相应的体外模拟体系，继而进行单组分的化学显色、脱色模拟，以印证色变效应物质，重点关注发色基团和重金属离子的作用，在分子水平阐明变色机理，同时在上述研究的基础上，评价不同化学处理方法的有效性和安全性，从而提出合理的脱色方法——连二亚硫酸钠脱色法。并将新的脱色方法应用于长沙走马楼三国吴简及湘西里耶秦简的脱色工作，取得了很好的效果，完全达到了出版要求。

7. 饱水简牍脱水机理及脱水方法研究

有关研究工作由长沙简牍博物馆和荆州文物保护中心联合进行，通过对饱水简牍的生物微观结构和基本化学组成的研究，确定了饱水简牍脱水工作须采用填充材料的必然性。分析对比各类脱水方法的适用范围，选择多种化学填充材料，逐一应用于饱水无字竹简的脱水，通过对比脱水后竹简的颜色、收缩率等重要脱水指标，最终选择十六醇作为脱水填充材料。通过观察简牍脱水前后的电镜照片、抗拉强度、颜色值、尺寸和重量的变化，研究人员比较详细地掌握了饱水简牍经十六醇填充脱水前后的重要变化。并将十六醇脱水法应用于走马楼三国吴简及湘西里耶秦简的脱水工作，取得了很好的效果，完全达到了文物保护的要求。

8. 饱水简牍饱水保存期有害微生物的鉴定与防治

有关研究工作由长沙简牍博物馆和武汉大学中国典型培养物保藏中心联合进行。从长沙简牍博物馆竹简存放室获得了不同的细菌、放线菌、酵母菌和霉菌共122株，根据相应特性归类分为25个种，从中挑选有代表性的4株进行更多项目的鉴定，定种4个。研究人员对这4个重要的细菌进行多项鉴定，包括细胞脂肪酸组分的测定和16S rDNA基因碱基序列测定，综合形态特征、生理生化特性将它们分别鉴定为：蜡状芽孢杆菌（*Bacillus cereus*），人苍白杆菌（*Ochrobactrum anthropi*），嗜麦芽寡单胞菌（*Stenotrophomonas maltophilia*）和木糖氧化无色杆菌（*Achromobacter xylosoxidans*）。

根据回接实验，确定走马楼饱水竹简上的有害微生物属于蜡状芽孢杆菌。从防治微生物生长的角度，并根据现在的实验结果，走马楼饱水竹简存放在 0.1% ~ 0.2% 浓度的新洁尔灭溶液中可预防微生物对饱水竹简的破坏。

9. 简牍充氮保存系统

简牍充氮保存系统由长沙简牍博物馆提出设计思路，北京讯德应用技术研究所及北京讯德气体设备厂具体负责设计制造。历经一年研究，设计开发出的该系统在多项关键技术方面均取得了突破性进展。保存系统有如下特点：

①氮气浓度高，为 99.9%。

②充氮置换时间快，长 2 米，宽 0.5 米，高 0.4 米的文物保存柜将空气彻底置换为氮气只需 2 小时，再次补充充氮时间仅需 1 小时。

③柜体密封可靠性很高，正常情况下只需每半年充气一次。

④湿度可调节，方法先进，解决了加湿氧含量上升的问题。

⑤有手动控制和自动控制两套控制程序。

⑥与老式充氮系统相比较，新系统重量轻，便于搬运及安装。

10. 信息技术在简牍研究中的运用

有关研究工作由长沙简牍博物馆和成都理工大学信息工程学院联合进行。通过将轻量级开发技术应用于简牍文物信息的管理和研究，工作取得了明显的成效，可以归纳为下面几点：

①经过对轻量级容器 Spring 的深入研究，并以它为核心构建了一套通用性比较强的、相对完善的 Web 系统开发框架。框架为多层非分布式体系结构，并且在各个层面集成了多个优秀开源组件，比如持久层的 ORM 工具 Hibernate，表示层的 WebWork。

②基于构建的轻量级 Web 框架，设计并实现了一套功能比较完备、适合简牍科研工作者使用的简牍图像信息系统。系统对各个功能组件采取 IoC 模式的管理机制，使组件之间保持松散的耦合度，从而让以后的开发人员可以在不改动原始程序的情况下，自由增加新的功能模块，并且无须对程序做大的变动，就能从系统中拆解出组件。

③在开发过程中，深刻体会到了轻量级开发技术所带来的好处，对这种先进的技术有了完整而具体的认识。不论是设计还是具体代码实现，普通开发人员都无须太关注系统级的问题，可以把主要的精力都放在简牍信息管理功能的实现上，而且 Spring 对 IoC 模式完美的实现，使代码的修改也变得异常轻松。

课题于 2007 年 2 月 7 日在成都通过科技部专家组验收。

第二节　饱水竹简辨伪

根据多年来对饱水竹简理化特征的深入研究，在走马楼三国吴简保护修复过程中，2008 年课题组接到了竹简辨伪任务，通过对比分析岳麓书院所购竹简和其他竹材样品，尝试可用于竹简对比的技术方法和理化指标，摸索竹简的辨伪技术。

实验对象及目的：

对四个竹材样品，包括新鲜竹、荆州汉竹（汉代竹编样品）、书院竹简和走马楼三国吴简进行综合检测，通过对比分析对书院竹简的真伪进行判断。

1. 分析仪器

Quanta 200 型扫描电子显微镜（荷兰 FEI 公司）；EDAX 能谱分析；D/max‑RA 型 X 射线衍射仪（日本 RIGAKU 公司）；5700 型红外光谱仪（美国 NICOLET 公司），差热分析仪。

2. 实验结果及分析

1）扫描电镜结果及分析

图 9‑1 为天然竹与各竹简样品的横纵截面 SEM 图。经扫描电子显微镜观察，天然竹纤维纵向表面光滑、粗细均匀、结构紧密、排列平行，且纤维表面有多条微细凹槽和裂缝存在。由于受地下环境作用和微生物侵蚀，虽然出土时竹简外表颜色光鲜，但其表面粗糙、内部结构疏松、无纤

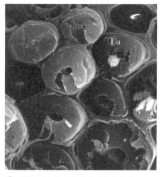
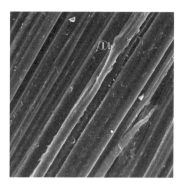

①新竹的横截面和纵截面

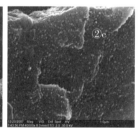

②荆州汉竹的横纵截面图和降解颗粒

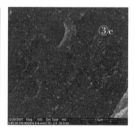

③走马楼三国吴简的横纵截面图和降解颗粒

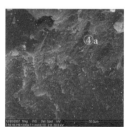
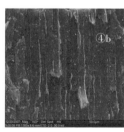
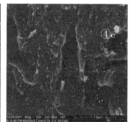

④书院竹简的横纵截面图和降解颗粒

图 9 – 1　样品的截面图、降解颗粒

a. 横截面　**b.** 纵截面　**c.** 降解糖元颗粒

维束状结构，已经发生明显的降解，如各样品 b 图所示。a 图为天然竹与各竹简样品的横截面 SEM 图。图 9 - 1：①a 中，竹纤维内有空腔，横向为不规则的椭圆形，且截面上布满了大大小小的空隙。天然纤维素是由 D - 吡喃葡萄酐通过 β - 1，4 糖苷键联结而成的线形巨分子。在微生物的作用下，结晶纤维素首先通过解链、解聚生成无定型纤维素和可溶性低聚糖，然后在内、外切酶的共同作用下进一步水解成为纤维二糖和纤维三糖，最后被 β - 葡萄糖酐酶降解得到葡萄糖。纤维素被微生物降解后，造成氢键解体并导致糖苷键断裂，强度大为下降，结晶区逐渐转变为非结晶区域。与天然竹相比，竹简的横截断面表面粗糙、空腔分布不均，呈现不规则形状，且附着了大量白色颗粒即纤维素的降解产物——葡萄糖元，如图 9 - 1 各样品图 a 所示。

2）能谱结果及分析

从表 9 - 1 可以看出，竹简中除含泥土中常见的元素 Al、Si、S、Ca 外，还含有一定量的 Fe，这是由于长时间埋藏于泥土环境中铁元素侵入结构内部使竹简矿化造成的。

表 9 - 1　各样品中所含元素的百分含量

元素百分含量/%	C	O	Al	Si	S	K	Ca	Fe
荆州汉竹	68.87	28.28	0.20	0.42	0.72	–	0.92	0.59
走马楼汉简	67.07	29.61	0.20	0.33	1.25	–	0.30	1.24
书院竹简	63.01	32.69	0.74	1.16	0.56	0.13	0.55	1.15

3）红外结果及分析

图 9 - 2 为新竹和各竹简样品的红外光谱图。表 9 - 2 列出了竹简的主要红外光谱吸收峰的归属。从中可以看到，三个竹简样品与新竹相比，表现出十分相似的变化趋势。新竹中在 1727.2 cm^{-1} 和 1244.7 cm^{-1} 处有聚木糖的吸收峰，而在竹简中，1727.2 cm^{-1} 处的峰消失，1244.7 cm^{-1} 处的峰

发生偶合裂分，在 1221.2 cm^{-1} 和 1267.5 cm^{-1} 处产生了两个新峰，表明竹简中聚木糖发生了降解。

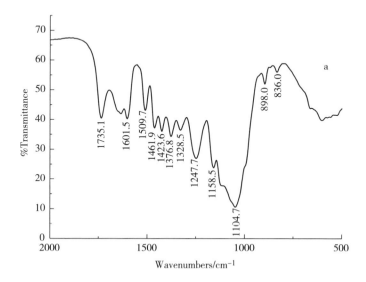

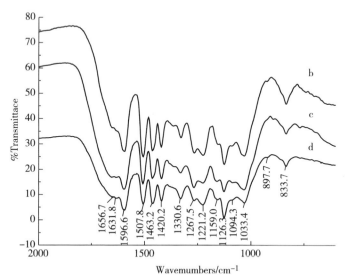

图 9-2　新竹和竹简样品的 KBr 压片红外光谱图

a. 新竹　b. 荆州汉竹　c. 走马楼三国吴简　d. 书院竹简

表 9 - 2　各主要吸收峰归属

吸收峰位（cm^{-1}）	吸收峰归属
1728.6	C = O 伸缩振动（聚木糖）
1596.6	苯环骨架伸缩振动
1507.8	苯环骨架伸缩振动
1463.2	苯环骨架振动
1420.2	苯环骨架振动
1330.6	O - H 面内弯曲振动
1244.7	乙酰基和羟基振动（聚木糖）
1221.2	木素中酚类的 C - O 伸缩振动
1126.3	木素中酚类的 C - O 的伸缩振动
1033.4	纤维素中 C - O 的伸缩振动

4）XRD 结果及分析

纤维素以结晶相和无定形相两种结构共存。在结晶区内，纤维素分子的排列呈现出一定的规则性，具有较高的结晶度，能获得明显尖锐的 X 射线衍射吸收峰。

竹简在经过 2000 多年的微生物作用之后，纤维素含量减少，聚合度下降，晶体与原纤受到破坏，致使结晶度降低，内部基本为无定型区域，其 X - 射线衍射吸收峰为一非晶包。纤维素的结晶度即结晶区占纤维素整体的百分率，可通过结晶峰面积和整个衍射曲线扣除背底之间的面积之比计算获得。经计算，各样品的结晶度如表 9 - 3 所示。

由结晶度可知，与天然竹相比，竹简由于地下水、微生物等的侵蚀，结晶区的有序结构被严重破坏，发生了严重的降解。

5）热分析结果及讨论

新竹的分解温度为 488℃，竹简的分解温度均在此基础上有较大幅度的降低，表明竹简的稳定性低于新竹，发生了降解。

表 9 - 3　各样品的衍射角、衍射强度和结晶度

	$2\theta/°$	峰强度 （Ip）	背景强度 （Ig）	结晶度 % （$Ip - Ig$）/$Ip \times 100\%$
新竹	22.1	1148.1	314.6	72.6
荆州汉竹	22.7	249.3	204.4	18.0
走马楼三国吴简	22.8	249.3	204.5	18.0
书院竹简	21.8	214.7	170.0	20.8

表 9 - 4　各样品的热分解温度

	热分解温度（度）
新竹	488.5
荆州汉竹	414
走马楼三国吴简	354
书院竹简	391

　　通过上述对比分析可见，书院竹简样品与两种出土古竹材在理化特征上具有高度的相似性。

　　现代文物辨伪技术是一个正在逐步发展的技术体系，其对打击文物诈骗，推动文物综合信息体系建设具有重要意义，同时可以使人们更充分更全面地认识和了解文物的本来面貌，并为文物的资料提取和长久保护提供更全面的基础信息。

参考文献

1. 长沙市文物工作队、长沙市文物考古研究所：《长沙走马楼 J22 发掘简报》，《文物》1999 年第 5 期。

2. 长沙市文物考古研究所、中国文物研究所、北京大学历史学系走马楼简牍整理组（宋少华、何旭红执笔）：《长沙走马楼二十二号井发掘报告》，《长沙走马楼三国吴简·嘉禾吏民田家莂》（上、下），文物出版社，1999 年。

3. 陈元生、解玉林、罗曦芸：《严重朽蚀饱水竹简的真空冷冻干燥研究》，《文物保护与考古科学》1999 年第 1 期。

4. 方北松等：《饱水竹简变色机理的初步研究》，《中国文物保护技术协会第四次学术年会论文集》，科学出版社，2007 年，第 365 ~ 371 页。

5. 方北松等：《走马楼吴简十六醇法脱水研究》，《文物保护与科技考古》，三秦出版社，2006 年，第 173 ~ 181 页。

6. 高峰、稽益民、刘益鸥：《饱水木器的二氧化氯脱色实验》，《文物科技研究》（第二辑），科学出版社，2004 年，第 151 ~ 165 页。

7. 葛明裕：《木材加工化学》，东北林业大学出版社，1985 年。

8. 胡东波、宋少华、肖静华：《长沙走马楼出土饱水竹简的防腐保存》，《文物保护与考古科学》2003 年第 2 期。

9. 胡继高：《银雀山和马王堆出土竹简脱水实验报告——兼论醇－醚连浸法原理》，《文物》，1979 年第 5 期。

10. 胡继高、赵桂芳：《阜阳汉墓竹简的剥离与清川汉墓木牍的脱水保护》，中国文物保护技术协会编《文物保护技术》（第五辑），1987 年，第 64 ~ 66 页。

11. 卢衡、杨淼：《PVPP 对出土古木浸渍液中 Fe3＋显色物质吸附脱除的初步研究》，《文物科技研究》（第一辑），科学出版社，2004 年，第 166～170 页。

12. 邱东联：《惊人的发现，难忘的记忆：长沙走马楼吴简发掘记事》（上、下），《中国文物报》1999 年 3 月 10 日第 4 版，3 月 14 日第 4 版。

13. 宋少华：《长沙出土的简牍及相关考察》，中国社会科学院简帛研究中心编《简帛研究二〇〇六》，广西师范大学出版社，2008 年。

14. 宋少华：《长沙吴简保护整理与研究的新进展》，长沙文物考古研究所编《长沙三国吴简暨百年来简帛发现与研究国际学术研讨会论文集》，中华书局，2005 年。

15. 宋少华、傅星生、黄朴华：《长沙发现一大批三国孙吴纪年简牍》，《中国文物报》1997 年 2 月 5 日。

16. 宋少华、何旭红：《嘉禾一井传千古》，《文物天地》1997 年第 4 期。

17. 宋少华、金平、姜望来：《科技领先团结协作勇于创新——长沙走马楼三国吴简保护整理工作的经验和体会》，《中国文物报》2006 年 6 月 30 日第 8 版。

18. 王素、宋少华、罗新：《长沙走马楼简牍整理的新收获》，《文物》1999 年第 5 期。

19. 吴顺清：《古代饱水漆木器的清理脱水修复保护研究》，《中国文物保护技术协会首届学术年会论文集》，2001 年。

20. 肖静华：《长沙走马楼三国吴简揭剥清洗技术操作工艺综述》，《文物科技研究》第三辑，科学出版社，2005 年。

21. 肖静华：《从实物所见三国吴简的制作方法》，《长沙三国吴简暨百年来简帛发现与研究国际学术研讨会论文集》，中华书局，2005 年。

22. 张竹青、张平：《长沙走马楼三国竹简蚀斑病研究》，《文物科技研究》（第二辑），科学出版社，2004 年。

附件一　走马楼三国吴简测试报告

测 试 报 告

　　受长沙简牍博物馆的委托，对三种出土材料进行了化学成分测试。现将测试结果报告如下：

一、样品：

　　委托单位提供的三种出土材料样品分别是：走马楼三国吴简（竹）、里耶秦简1（木）、里耶秦简2（木）。

二、分析用式样的准备：

　　按照《造纸原料分析用试样的采取》（GB/T2677.1－1993）方法将三种样品制成能通过40目而不能通过60目的细末，备用。

三、化学成分测试方法：

　　1、　纤维素：按硝酸－乙醇法测定。

　　2、　木素：按《造纸原料酸不溶木素含量的测定》（GB/T2677.8－1994）进行。

四、测试结果：

试样类别	测 试 结 果	
	纤维素%（硝酸乙醇纤维素）	木素（酸不溶木素）
走马楼三国吴简（竹）	14.70	7.86
里耶秦简1（木）	32.79	7.64
里耶秦简2（木）	42.64	9.43

附件二　走马楼三国吴简材质分析报告

出土木竹简状况报告——

出 土 木 、 竹 简 分 析

中国林业科学研究院 木材工业研究所

2005 年 12 月 25 日

出土木、竹简分析

中国林科院 木材工业研究所

古建筑木结构与木质文物保护课题组

一、前言

　　长沙简牍博物馆提供的出土木、竹简样品 12 个，计有：2002 年湖南省里耶一号古井出土的秦（木）简样品 5 个；1996 年湖南长沙走马楼出土的三国时期吴（竹）简 3 个及汉（竹）简 4 个。

　　这些样品均出自古井内，是在当地基建时发现后抢救发掘中出土的。里耶秦简出土 3 万余枚，走马楼三国吴简出土 10 万余枚，走马楼汉简出土 1 万余枚。出土时成堆浸泡在水中或埋在淤泥中，刚出土时材质基本完好。

　　简牍是我国古代，特别是秦汉时期的一种书写记录的主要方式。简牍材料大多由木材或竹材制成，故通称木简或竹简。木材或竹材是一种生物材料，在自然环境中很容易遭受腐朽、虫蛀等生物损害。又由于简的材质较薄更容易残损，一旦损坏很难复原。目前简牍的保护更有其特殊性，更困难。

　　根据要求，我们对这批简牍做了树种和材质的鉴定，并根据鉴定结果从木（竹）材性能及产地等作了简单分析，提出报告。

二、鉴定结果

　　根据提供的样品分别编号为：秦简 1—5 号；吴简 1—3 号和汉简 1—4 号。鉴定结果列表如下：

名　称	编号	树（竹）种	拉丁名
里耶秦简	1	水松	*Glyptostrobus pensilis*
里耶秦简	2	水松	*G. pensilis*
里耶秦简	3	水松	*G. pensilis*
里耶秦简	4	油杉	*Keteleeria* sp.
里耶秦简	5	杉木	*Cunninghamia lanceolata*
走马楼吴简	1	苦竹	*Pleioblastus* sp.
走马楼吴简	2	刚竹	*Phyllostachys* sp.
走马楼吴简	3	刚竹	*Phyllostachys* sp.

名　　称	编　号	树（竹）种	拉丁名
走马楼汉简	1	苦竹	*Pleioblastus* sp.
走马楼汉简	2	刚竹	*Phyllostachys* sp.
走马楼汉简	3	苦竹	*Pleioblastus* sp.
走马楼汉简	4	苦竹	*Pleioblastus* sp.

三、木(竹)材种类分析

水松是我国特产树种，分布于我国南方及东南各省。边材浅黄褐色，有时呈紫或黄褐色。木材有光泽，有香气，触之有油腻感。干燥容易，易切削，切面光滑。可能古人早已认识到水松的这些优点，因此，2千多年前便被选做了制作木简的重要材料之一。

油杉属树木广泛分布在我国南方各省。心边材不明显，木材黄褐色至浅红褐色。材表平滑，纹理直，材质轻至中，硬度软，易加工，刨面光滑稍耐腐。

杉木，杉属木材我国大陆只有一种，即我们通常所说的杉木。杉木广泛分布于我国南方，尤以湖南为最。杉木心边材界限分明，心材浅栗褐色或浅灰褐色。木材有光泽，有浓郁香气，髓心小，材表光滑。纹理直，结构均匀。材质轻而软，干缩小，强度弱或中。易加工，耐腐，耐蛀。

通观上述两种木材的物理性能均是制作木简的适宜材料，加上就地取材容易，作为木简的重要原材料是可以理解的。

竹材一般分竹青，竹黄和竹肉。竹青是竹壁外表，组织紧密，质地坚韧，表面光滑，并附有蜡质。竹黄位于竹壁内侧，组织坚硬，质地较脆，一般为黄色。竹青与竹黄之间为竹肉，是竹壁中最为松软的部分，天然耐久性最差。刚竹和苦竹在湖南均有分布。

刚竹属中，通常利用最广泛的是毛竹（*Phyllostachys heterocecla*）。毛竹分布于我国长江流域以南及台湾，黄河流域也有栽培。毛竹杆高可达20m以上，径粗10-20cm。竹材坚韧有弹性，纹理直，是我国分布最广，面积最大，蓄积量最多，用途最广的竹种。从鉴定结果看，刚竹简主要是竹青构成。

苦竹属中，一般常用的如斑苦竹（*Pleioblastus macu-latus*）。苦竹较细，直径只有4cm左右，篾性一般。由于竹壁较薄，因此竹简中含有竹肉较多，使竹简的保存更困难。

四、木（竹）材解剖特征及三切面显微照片

木简

1、水松（*Glyptostrobus pensilis*）　秦简 1，2，3 号。

生长轮明显，早材至晚材渐变至略急变，晚材带甚窄。早材管胞横切面为长方形、方形及多边形；径壁纹孔 1－3 列，通常 2 列，稀 3 列。晚材横切面管胞为长方形、方形，径壁纹孔 1 列；全部晚材管胞弦壁纹孔数多、明显。轴向薄壁组织星散状及带状，含少量树脂。木射线通常单列，稀 2 列。多数高 5－26 细胞，全由薄壁细胞组成。射线薄壁细胞与早材管胞间交叉场纹孔式为杉木型（纹孔缘极狭）2－4 个，无树脂道。

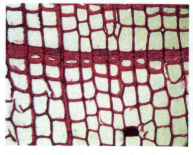 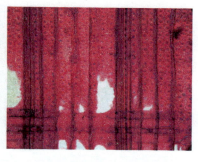

横切面（×80）　　　　　　　　　　径切面（×120）

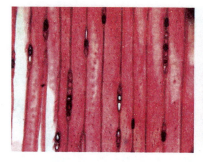 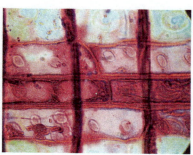

弦切面（×120）　　　　　　　径切面（×300，示射线薄壁细胞与
　　　　　　　　　　　　　　　　　早材管胞间交叉纹孔式）

2、**油杉**（*Keteleeria* sp.）　　秦简 4 号。

　　生长轮甚明显，早材至晚材急变。早材管胞横切面为不规则多边形，径壁具缘纹孔 1－2 列，极少 3 列，眉条长。晚材管胞横切面为方形及多边形。轴向薄壁组织量少，星散状。木射线通常单列，间 2 列。射线细胞通常含深色树脂，均由薄壁细胞组成，水平壁纹孔数少。射线薄壁细胞与早材管胞间交叉场纹孔式为杉木型，2－3 个。只有轴向树脂道，无径向树脂道。

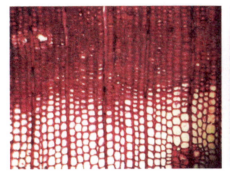

横切面　（×80）

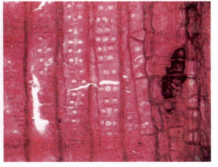

径切面（×120，示木射线）

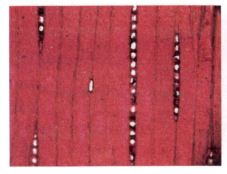

弦切面（×120）

径切面（×300，示径壁具缘纹孔三列）

3、杉木（*Cunninghamia lanceolata*）　秦简5号。

　　针叶材，年轮甚明显，早材至晚材渐变。早材管胞横切面为不规则多边形及方形；晚材管胞横切面为长方形及多边形，径壁具缘纹孔多1列、少数2列。轴向薄壁组织量多，星散状及弦向带状。木射线全由薄壁细胞组成，通常单列，水平壁厚。射线薄壁细胞与早材管胞间交叉场纹孔式为杉木型，通常为2-4个，无树脂道。

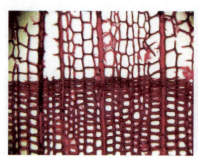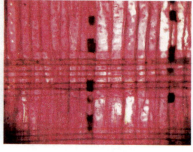

　　　　横切面（×80）　　　　　　　　　径切面（×120）

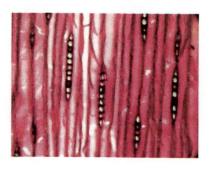

弦切面（×120）

竹简

1、苦竹（*Pleioblastus* sp.）吴简1号，汉简1、3、4号。

　　皮下层一层细胞，壁稍厚，皮层细胞2—3层，壁薄。中部维管束半开放型，内部维管束开放型，髓外围组织细胞5—6层。

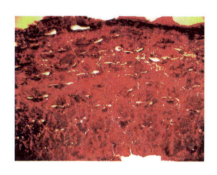

横切面（×70）

2、刚竹（*Phyllostachys* sp.）吴简2、3号，汉简2号。

　　竹简仅具竹青部分，无表皮及中内部分。外部维管束较密集，具半分化维管束。维管束的长宽比为4:1—4:2。

横切面（×100）

五、参考文献

1.　成俊卿主编　木材学　中国林业出版社　1985年

2.　成俊卿等　中国木材志　中国林业出版社　1992年

3.　腰希申等　中国竹材结构图谱　科学出版社　2002年

4.　王恺主编　木材工业实用大全（木材卷）　中国林业出版社　2003年

附件三　走马楼三国吴简金属离子含量检测结果

检 测 报 告

DETECTING AND ANALYZING REPORT

样品编号

SERIES NUMBER　　ICP－2006－23

委托单位

ENTRUSTING UNIT　　荆州文物保护中心

样品名称

SAMPLE NA　　竹简

检测仪器

TESTING INSTRUMENT　　ICP-AES

武汉大学测试中心

Center of Analysis and Test of Wuhan University

发 报 告 日 期：2006 年 4 月 6 日
REPORTING DATE

本报告共　2　页	附图　/　张
检　测　依　据	JY/T　015　1996

检测结果：

Fe:　A1:　0.25　　A2:　0.28　　A3:　0.049　　A4:　0.045

　　　B1:　0.25　　B2:　0.22　　B3:　0.21　　B4:　0.17

　　　C1:　0.29　　C2:　0.19　　C3:　0.13　　C4:　0.075

　　　D1:　0.096　D2:　0.085　D3:　0.20　　D4:　0.092

　　　E1:　0.21　　E2:　0.16　　E3:　0.27　　E4:　0.13

宋代竹子:　Cu:　5.12×10^{-3}　　Fe:　0.63　　Mn:　6.21×10^{-3}

　　　　　Zn:　1.71×10^{-3}

走马楼汉简泥样:　Cu:　5.68×10^{-3}　　Fe:　1.59　　Mn:　4.19×10^{-3}

　　　　　　　　Zn:　8.45×10^{-3}

　　　　　　　　　　　　　　　　单位: %（W/W）

以下空白

备　注	

授权签字人：　　　　　　　　本结果仅对本样负责

附件四　走马楼三国吴简保护修复方案（摘要）

长沙三国吴简科技保护方案

长沙市文物考古研究所
长沙简牍博物馆（筹）
二〇〇二年六月

第一章　序　言

1996 年在长沙走马楼发现了被国内外专家一致认为极有价值的大批三国吴简。吴简出土后，国家文物局立即将有关情况上报国务院，1996 年 12 月 21 日，时任国务委员的中共中央政治局委员李铁映同志迅速批示："这是一次重大的文物发现，一定要全面妥善保护好，组织专家进行系统的整理和研究，并规划设计文物的展览、保存方案，列入长沙市的建设规划中。"（李铁映同志在国家文物局编印的＜总第 126 期＞《文物要情》上的批示）江泽民、李鹏、朱镕基、李瑞环等党和国家领导人都先后参观考察了这批简牍并给予高度评价。2001 年 10 月 16 日，李岚清副总理亲自听取吴简保护整理工作的汇报，并对吴简长期的保护整理工作做出了重要批示。

"我的看法是，带有文字的文物比不带文字的文物更珍贵。因为文物上的文字是对当时社会历史风貌的最直接记载，从历史学的角度看具有无可替代的价值。

吴简的出土显然是我国文物界的又一重大发现，我们要把吴简作为国宝级文物对待。

保护国宝是要花钱的，我认为只要能有效保护，必要的钱应当花。

国宝级文物保护经费不能都靠地方，应列入专项，地方实有困难国家应该出些钱。

要充分利用现代技术实现更有效的保护。

简牍保护研究要列个国家专项，不要混在一般的文物保护中，要加大投入力度，后续工作很多。光靠地方不行，财政部要给予必要支持。"

（摘自《李岚清副总理在听取国家文物局关于长沙走马楼三国吴简整理保护工作情况汇报时的谈话要点》，国家文物局文物博函［2001］1037 号）。

本方案是对五年来开展吴简保护整理工作的经验总结和进一步提升。科技保护方案是以中国文物研究所胡继高、赵桂芳两位研究员 1997 年制定的《长沙走马楼孙吴纪年简牍保护方案》为基础，根据近几年来实际工作需要和保护技术的发展，筛取了全国文博单位、科研院所中有关简牍保护方面的成功实例，吸纳国内简牍保护技术最新科研成果，特别针对竹简的脱色、脱水关键技术和长期保护部分而制定的。

2002 年 5 月 19 日～20 日，湖南省文物局在长沙主持召开《长沙三国吴简科技保护方案》论证会，邀请北京、上海、南京、湖北、湖南等地的文物保护、考古、博物馆等方面的专家参加，国家文物局博物馆司的领导到会指导。经专家充分讨论，一致认为：方案是可行的，提供的技术路线合理，简单易行，在国内尚属首次，可以应用。建议进一步做好实验数据和相关资料的补充工作。

根据专家论证会的意见，会后我们对原方案的不足部分做了进一步的修改、补充与完善。

在方案的修改过程中，得到国家文物局博物馆司、中国文物研究所、荆州博物馆领导和专家的热情指导和大力支持。

第二章　长沙吴简保护整理工作的意义和指导原则

1996 年 10 月，长沙市文物工作队配合城市基本建设，在市中心走马楼街 50 号地下 9 米的 22 号古井内，清理出土共计 10 余万枚三国吴简。

这批简牍主要是三国孙吴（公元 222 年至 280 年）早期长沙郡与临湘侯国（县）的地方行政、司法、财务、赋税、户籍档案文书，按形制可分为大小木简、木牍、竹简、封检、标识签牌等，按内容可分为佃田租税券书、司法文书、黄簿、名刺及征收钱粮物品的账簿等，涉及吴国的政治、经济、军事、文化、租税、户籍、司法、职官等许多方面。

走马楼吴简的数量超过了 1996 年之前的 20 世纪中国出土简牍的总和，被评为 1996 年全国十大考古新发现之一、二十世纪百项考古大发现之一。

走马楼吴简的发现，不仅填补了我国简牍出土的一个空白，而且还以其丰富的内容使我们了解三国孙吴时期的政治、经济、军事、文化、赋税、户籍、司法、职官等许多方面，对深入研究当时经济关系、阶级关系、赋税制度、典章制度以及当时的社会生活等都提供了新的历史信息，对中国历史学与中国学术史必将产生巨大影响。此外，这批简牍的字体有隶书、楷书、章草、真草等，在中国书法史研究上也占有重要地位。由于三国时期战乱频仍，三国时代的文献文字材料也十分匮乏，文献史料传世甚少，过去出土的三国时代的简牍数量特别稀少，这批珍贵资料经过整理出版后永久保存，将为今后的三国研究提供翔实可靠的材料，必将大大推动三国时期吴国社会政治历史，特别是经济史的研究，促进世界汉学研究与三国史研究的持续升温，对进一步扩大我国文物界的学术影响，确立我国作为国际一流的简帛研究中心的地位，具有重要的意义。对树立我国政府重视文物保护的良好国际形象也具有特殊意义。

简牍的保护和整理是互为密切联系的两大方面，保护包括改善和控制保管条件，揭剥与清洗、脱色拍照与记录、为长期保存及展出而进行的脱水等等，是整理工作的前提和基础。整理工作包括对揭剥清洗过程的详细记录，对脱色后的简牍进行记录、释读、拍照、编校、出版，贯彻始终的考古学、文献学、历史学的观察与研究等，既对保护工作的质量提出要求，也是保护的目的之一，为进一步的研究创造了条件。

由于走马楼吴简数量多，内容十分丰富，需要投入的人力、物力、财力较大，工作周期长，因此必须制订科学的整理和保护计划，有步骤、分阶段地开展工作。指导原则是：

整理与保护并重，社会科学与自然科学充分结合，

齐头并进，相互促进，良性互动，争取同时完成。

第三章　吴简保存状况及存在的问题

长沙走马楼简牍于 1996 年 10 月于长沙市走马楼建设工地出土，包括 2 千余枚木质简牍和 10 余万枚竹简，其数量之巨，为新中国成立以来全国各地出土简牍之最。

经过保护小组几年来的辛苦工作，木质简牍已成功完成清洗、脱色、脱水、包装保存。竹简的清洗、编号工作也已基本完成 90% 以上，处于扫尾阶段，现妥善存放在库房中，为其脱色、脱水打下了良好基础。

简牍出土于井中，距地表 9 米，相互堆积，层厚 0.2 ~ 0.5 米，四周充填物为黑色潮湿的泥土。经分析测试，泥土主要为铁的化合物，其含量占其总量的 80%。竹简本身因处于铁化合物环境中，经过清洗后，仍有较高的铁含量。通过对浅色简与深色简的金属元素测定，可发现走马楼竹简中铁含量相当高。竹简由刚竹制作而成，在井中经过漫长的浸泡，发生了极其复杂的化学变化，饱含水分，多数顺竹纤维方向有裂纹。竹简颜色为深褐色，字迹散淡，观之不易。

为脱色和脱水工作的顺利进行，特对竹简的腐朽程度做了检测。中国制浆造纸工业研究所显微分析室使用 AMARY100B 扫描电子显微镜对竹简做了超薄切片分析，结果发现：

①竹简竹质严重腐朽，失去强度。

②纤维与纤维基本分离，纤维间的黏合物质除木质素外，已基本腐蚀，几乎找不到维管束组织。

③薄壁及厚壁的纤维细胞壁均腐朽严重，细胞壁上破损及孔洞极多，表明细胞壁上的纤维素及半纤维素等糖类物质已腐朽掉，这是从竹简样品中找不到任何一根完整纤维的原因，这也是竹简物理强度基本丧失的一个

重要原因。

长沙走马楼竹简脱色、脱水将经历一个较长的时间。在脱色之前，须在目前技术条件下予以保存，继续使用目前的防腐剂，并保持目前观察、换水的技术标准。

在土壤生物化学中，我们知道：通常将竹木材的微生物降解分为五大类，即腐朽、软腐、变色、霉变和细菌降解。前四种基本上是由真菌引起的。真菌的细胞与细胞相互连接而成很细的菌丝进入木材，并在木材内分枝繁殖而降解木材。另一类能引起木材软腐的微生物属于细菌。

走马楼竹简出土后，表面即发生霉菌的大量繁殖，北京大学文博学院与湖南省师范大学生物系真菌研究室分别进行分析，其结果如下：

①立枯丝核菌（*Rhizoctonia Solani Kuhn*）：幼龄菌丝体白色，远基隔膜的附近发生分枝，分枝发生点缢缩形成以横隔膜；老龄菌丝褐色，具桶孔隔膜；每个细胞有多个细胞核。

②拟青霉（*Paecilomyces* sp.）：菌丝体有隔膜，有蒂状分生孢子梗，瓶梗上的孢子串生，无色。

③副球菌属（*Paracoccus* sp.）

这种菌只在浸泡于水中的竹简和木漆器表面形成一层黏滑的无色黏液层，未见对竹简产生肉眼可见的破坏，但清洗困难，由于竹简已经十分糟朽，所以清洗时很难保证不对其产生破坏，另外当黏液积累到一定程度后，一部分会自然浮上水面，成为其他菌类如真菌的载体，并为它们提供碳源。

该菌为革兰氏阴性（Gram – negative）菌，"暂名"是由于其综合特征与该菌最接近。

④桔青霉（*Penicillium Citrinum Thom*）、黄曲霉（*Aspergillus Flavus Link*）、黑曲霉（*Aspergillus Niger Van Tieghem*）等真菌的侵害

在浸泡竹简的带菌水中，已鉴定的真菌来源于土壤，这些菌既可以寄生，又可腐生，既可在水中，又可在空气中生活。通常可见的大面积繁殖是以副球菌属（*Paracoccus* sp.）产生的黏液为载体漂浮在水的表面。以上鉴定出来的霉菌从表面上看，它们并不对浸泡在水中的竹简

产生直接的破坏，对竹简造成侵害的主要是"M"菌（又称竹简蚀斑病）。

⑤"M"菌（竹简蚀斑病）

"M"菌对长沙走马楼竹简主要的侵害特征：这种菌首先是在浸泡于水中的竹简上形成很小的白点，少则 2～3 日，多则一周内形成直径为 1 厘米的白斑，白斑中的竹简的竹体，由棕黄色变成了柔软的半透明膜状物质，一旦在水中移动竹简，或者运动的水都会造成半透明物质的破裂并且散落在水中，从而导致竹简的破坏。

出现"M"菌侵蚀的竹简保存在长沙市博物馆的地下简易库房中，用蒸馏水浸泡在医用白搪瓷盘内，库房内常年湿度在 80% 左右，夏天温度在 27^0C 左右，平时不见光线。"M"菌造成侵害时，常常是突然性大面积爆发，同一库房内的几十盘竹简往往同时出现病变。目前从各种所能得到的资料中，还未发现对竹、木材的木质素产生如此强的分解能力的水生微生物（群）的报道。北京大学考古文博学院与中国科学院微生物研究所菌保中心合作，将提取的标本带回北京，试图分离这一菌种，但所有分离出来的菌种，移植回到竹简上去后，都未产生上述现象，所以未知这一菌种的名称、特性。

2001 年，长沙市文物考古研究所委托湖南师范大学生物研究所真菌应用研究室对"M"菌做进一步的探源防治工作。该所的实验报告称其为竹简蚀斑病。通过菌种分离培养、病原菌反接实验，确认竹简蚀斑病是由细菌引起的，排除了由真菌引起的推测。在 15×100 倍光学显微镜下观察，该菌为短杆状，长度为 2～4 微米，宽度为 0.4～0.6 微米，透明，在水中不停运动，与从竹简病斑处直接挑取的细菌形态一致。这种细菌是竹简致病的主要因素，即使有其他微生物也要通过它而起作用，阻止了该细菌的生长就能够阻止竹简蚀斑病的发展。

由于该菌对竹简的危害是最大的，发病时常常是大面积的突然性爆发。因此对"M"菌及其他霉菌的防治，是竹简保护工作的重要环节。

第四章　国内饱水竹简保护技术现状

竹简作为我国特有的文物，在国外并不存在，因此竹简的保护工作基本上由国内的文物保护工作者独立完成，没有可资借鉴的国外经验。英国和日本曾有木片脱水的报道，但与我们需要处理的竹简仍有很大差距。

经过几十年来的不懈努力，我国文物保护工作者已比较成功地完成竹简的系列保护研究。特别是近三十余年来通过对山东银雀山汉简、湖南马王堆汉简、荆州张家山汉简、荆门郭店楚简、上博楚简、河南平舆楚简、湖南虎溪山汉简、随州孔家坡汉简及长沙走马楼三国吴简的处理，在老中青文物保护工作者的辛勤努力下，竹简保护研究工作已达到一个新高度。为长沙走马楼三国简的保护工作打下了良好的基础。

竹简保护分竹简脱色和脱水及后期保管。应用于竹简脱色的主化学试剂有草酸、连二亚硫酸钠等，应用于竹简脱水的主化学试剂有乙二醛、乙醇、乙醚、十六醇、乳香胶等。竹简的后期保管时间漫长，可采用密封充氮的方法或在温湿度稳定的条件下用囊匣保存。

早期竹简脱色的主要方法是使用草酸。随着时间的推移，连二硫酸钠和低浓度的过氧化氢等方法也逐步应用。其中，上海博物馆陈元生先生、谢玉林女士在分析其所藏的战国简变色原因时，使用草酸、过氧化氢处理的效果优于仅用草酸处理的效果。荆州博物馆方北松先生于1993年对荆门郭店楚简、1994年对河南平舆楚简、1999年对湖南虎溪山汉简、2000年对随州孔家坡汉简使用以连二亚硫酸钠为主试剂的脱色法，效果良好。竹简脱色的各种方法具有相当的互补性，由于过氧化氢对竹材本身有一定的负面影响，因此只是在特别的情况下使用，并使用低浓度和短时间。

竹简脱水经历了从乙醇—乙醚法到乙醇—乙醚—填充物法的阶段，乙二醛真空冷冻升华法也已应用于竹简的脱水。1972年至1973年湖北省博物馆实验室在对望山一号楚墓进行脱水时使用了乙醇—乙醚法；1975 年胡继高先生使用乙醇—乙醚—填充物法对银雀山、马王堆、阜阳等地出土的竹简进行脱水；1975 年至 1985 年荆州博物馆吴顺清先生采用类似方法完成江陵凤凰山汉墓竹简脱水；90 年代前期中国文物研究所胡继高先生、赵桂芳女士对张家山竹简也采取同样的脱水方法；90 年代中后期上海博物馆陈元生先生、谢玉林女士使用乙二醛真空冷冻升华法对上博楚简进行脱水处理；2000 年荆州博物馆实验室吴顺清先生、方北松先生使用乙二醛法和乙醇—十六醇法对馆藏竹简进行脱水。这些竹简脱水工作都取得成功，为以后的竹简保护提供了很好的经验。在全国各地，还有很多同志对饱水简牍做过脱水处理，如：湖北省考古所后德俊先生、江苏省南京博物院奚三彩、周健林先生、湖南省博物馆魏象先生、河南省博物馆陈进良先生、山东省博物馆姜慧英女士等。

我国竹简脱水保护技术发展简况一览表

时间	内容	脱水技术	单 位
1972～1973 年	望山一号楚墓竹简	乙醇—乙醚法	湖北省博物馆 陈中行
1975 年	银雀山、马王堆、阜阳汉墓竹简	乙醇—乙醚—填充法	中国文物研究所 胡继高
1975～1985 年	凤凰山汉简	乙醇—乙醚、丙酮	湖北荆州博物馆 吴顺清
九十年代前期	张家山汉墓竹简	乙醇—乙醚—填充法	中国文物研究所 胡继高、赵桂芳
九十年代中后期	楚 简	乙二醛真空冷冻升华法	上海博物馆 陈元生
2000 年	楚 简 汉 简	乙二醛法	荆州文物保护中心 吴顺清
		乙醇—十六醇法	荆州文物保护中心 方北松

第五章　出土竹简脱色、脱水原理及技术要求

我国南方地区地下水位普遍较高，为有机质类文物在古墓和古井中的长期保存创造了良好的先天条件。如：饱水漆木器、饱水竹器、丝织品、皮革甚至人体。竹简也是典型的有机质文物，走马楼竹简能保存至今，也得益于长沙地区具有较高的地下水位。但也因此出现了竹器类文物保护中特有的问题：经过一千七百多年的地下环境的影响，走马楼竹简的化学结构已发生了巨大的变化，出土后其上的文字已很难辨识，竹质本身已饱含水分。如何显现走马楼竹简上的文字并长久保存，这是摆在我们文物保护工作者面前亟待解决的课题。

第一节　脱色原理及技术要求

长期的考古发掘实践证明：刚出土的有机质文物，其外表颜色鲜艳，可经过一段时间后，其颜色渐渐加深直至深色。对于竹简而言，暴露于空气中5分钟时间即可使其上的文字无法识别。出土后保存于水中的竹简在有泥土的严密覆盖下，可保持较长时间的颜色稳定。例如：湖北江陵鸡公山135号秦墓出土的竹简，刚接触空气时，颜色为米黄色，可在5分钟的时间内，其颜色即转变为深褐色。荆门郭店楚简是深夜出土，刚出土时，竹简为米黄色，字迹清晰，可当运回当地派出所时，已转变为黑色，其上的古文字已无法认清。湖北荆州每年都有大量的古墓发掘，出土大量的饱水漆木器，刚刚出土时，木器表面为米黄色，可几分钟后即转变为深褐色。湖南沅陵侯墓竹简出土十余天后，在做表面泥土清洗时，发现下层的竹简仍由泥土覆盖着，除去泥土，竹质为米黄色，其上的文字清晰可辨。

湖北包山大冢在打开椁板时，发现覆盖在棺木上的有机质文物，如竹席、丝带等为彩色，可几分钟内它们都渐渐变为深褐色。

对于竹简而言，通过长期的实践观察与理论论证，我们认为部分降解了的木素分子是造成饱水竹简颜色变深的主要原因，它们中的无色发色基团是导致出土饱水竹简颜色由米黄色的外观转变为黑色的基本原因，而部分重金属离子和紫外线的照射可促进这一进程的发生。

竹简的化学构成为纤维素、木质素、半纤维素及单宁，还有少量的无机物。竹简在漫长的地下浸泡过程中，其主要的化学成分经历了以千年计的漫长降解过程，各化学成分的耐久性各不相同，降解产物也各异。首先降解的是单宁，其次是半纤维素，往后是纤维素和木质素。

竹子的几种主要成分为天然高分子有机化合物。一般饱和有机化合物的结构以单键联结。由于单键电子活动性小，需要较高的激发能量，故其在 200～1000 纳米范围内不产生吸收高峰。但当分子中具有共轭双键结构时，所需激发能量较小，吸收光波的波长较长，有可能使吸收光谱从紫外光区移到可见光区，而显现颜色。在竹子大分子结构中，在可见光区产生吸收光谱的不饱和基团有：

羰基　　　　　苯环　　　　　邻醌　　　　　对醌

RCH = CHR　乙烯基

以上基团在光化学上也被称为发色基。同时竹子大分子结构中还存在下述基团，如：

－ OH　　　　　　　　－ COOH　　　　　　　－ C － O － C －

羟基　　　　　　　羧基　　　　　　　　醚

它们可以促进化合物的颜色变深，是竹子显现颜色的助色基。

就单宁、半纤维素、纤维素、木素而言，在漫长的降解过程中，它们产生不同的中间产物或最终产物，能够对竹简颜色产生重要影响的，基本上都是木素的降解产物。

单宁为多元酚的衍生物。水解后，其酚羟基和羧基部分基本上转移到竹简周围环境的水中，残留于竹简上的少部分在日光和氧气的作用下，可被氧化为酮基，这可以导致竹简颜色的浅度加深。

半纤维素和纤维素的终端降解产物为糖类物质，它们都是浅色物质。即使是降解过程中产生的各种形式的羰基和羧基，经紫外线和氧气的作用后也只会形成黄色物质。

木质素降解的终端产物有松柏醛、香草醛、香草酸及其他醛类物质。它们基本上为浅黄色物质。而木质素降解的中间产物则对竹简颜色有重大影响。

木质素是已知的天然高聚物中结构最为复杂的一种，其整个分子结构至今仍不清楚。虽然如此，构成木质素大分子的结构单元只有三种。即：

松柏醇　　　　　　　芥子醇　　　　　　　对—香豆醇

从以上结构可知，木质素中存在多种功能基，有甲氧基（ $-OCH_3$ ）、羟基（ $-OH$ ）及双键等。

我们可根据木素的基本结构单元来推断这些基团对竹简颜色的影响：

木质素大分子脱甲基后，与氧气发生反应产生醌类化合物而显深色。有机物中，醌类化合物曾在人类服饰史上扮演过重要角色。多种植物和动物的色素皆为醌类化合物，直至十九世纪末，人类所使用的染料除极少数无机材料外，就是天然的醌类化合物。

对照我们观察到的饱水竹简颜色在出土时由米黄色转变为黑色，必定存在一些由木质素大分子降解而产生的无色发色基团，它们在与氧气隔绝的古墓中使竹简显现为米黄色，一经与氧气接触，就发生颜色反应而使竹简由米黄色转化为深色。

竹简出土时所带有的部分重金属离子如 Fe^{2+}、Fe^{3+}、Cu^{2+} 等对其颜色有一定影响。

阳光或灯光中的紫外线可促进氧化作用的发生，这是导致竹简颜色加深的一个次要原因。

上式为酚型木质素结构单元的紫外光照射反应，邻醌和对醌的生成导致了竹简颜色的加深。

竹简脱色的目的在于使其上的古文字通过肉眼可以清晰识读，通过摄影得到清晰的图片，有助于对竹简内容的研究。

通过十年来的实践，已有一些方法可以解决饱水竹简颜色过深的问题。首先运用红外照相可部分解决识读难题，然而多数情况下效果并不理想。其次，可以通过脱水处理使竹简的颜色变浅，醇—醚连浸法可达到这一目的。但由于饱水竹简脱水的复杂性，很多糟朽的竹简在醇—醚连浸的条件下有可能收缩、开裂，上面的文字也就难以辨认。因此化学脱色工作尤为必要。

传统的草酸脱色方法，其原理在于：草酸水溶液作为一种酸性溶液能部分溶解木质素降解后产生的无色发色基团以及纤维素、半纤维素、单宁降解后产生的可影响颜色的一些化学基团，并可与部分金属离子发生化学反应，生成不溶于水的沉淀物，在一定程度上消除这些金属物质对颜色转化反应的催化作用。因此，在无色发色基团的颜色转化反应发生以前，用草酸处理可达到比较理想的效果，否则，草酸的作用就比较有限。实际运用中，竹简经草酸脱色后经常出现返色现象，说明草酸脱色时，竹简已部分发生了颜色反应，但草酸的溶解效应有限，即使草酸可以与铁离子等金属离子反应产生沉淀，但溶解部分的金属离子仍足以影响竹简颜色反应的发生。

对于走马楼的竹简而言，部分竹简用草酸脱色可达到出版要求。

过氧化氢通过对竹简的苯醌结构及松柏醛结构的氧化作用，破坏其结构，使之成为可溶于水的浅色甚至无色物质而达到脱色目的。例：

对走马楼竹简做脱色处理时，下列几点是我们必须仔细考虑的：

①走马楼竹简数量巨大，时间跨度大，制作地点不同，制作者众多。因此，竹材有异，制作工艺有异，墨质有异。

②走马楼竹简是保存于与外界环境长期相通的古井中，而非密封状况较好的古墓中。保存环境极其复杂，各种污染物对竹简反复作用，导致竹简表面覆盖物成分复杂。其中部分竹简上的表面覆盖物不易清除；部分竹简的表面竹质比大多数竹简具有更严重的朽蚀特征。

③因数量巨大，走马楼竹简出土后将数年处于与氧气相接触的环境中，其颜色反应极其充分。已从可溶于水的无色发色基团转变为不溶于水的深色基团。

面对这一复杂问题。在草酸脱色法达不到要求的情况下，可采用连二亚硫酸钠脱色法。在适当的温度、时间、浓度、pH 值、添加剂等条件下，改变木素中发色物质的苯醌结构及松柏醛结构，使之成为无色物质，连二亚硫酸钠则被氧化为亚硫酸钠，而亚硫酸钠也能改变苯环共轭双键结构。添加剂包括某些络合试剂和其他辅助试剂。这一方法对竹简机械强度的影响很小。由于它是自然氧化过程的逆过程，因此处理后更符合竹简在古墓中的分子结构特征。

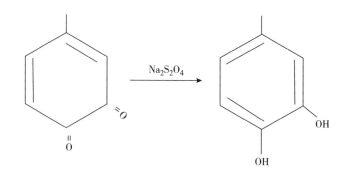

一般来说，竹简脱色应符合以下标准：

1）对竹简化学结构相对无损害

草酸因其酸性而对竹简降解成分有溶出作用，这既是草酸具有脱色作用的基本原理，又是草酸对竹简有损害作用的根本原因。这样，控制草酸的浓度和作用时间就很有必要，低浓度（3% 或 5%）草酸水溶液短时间

（15 分钟）对竹简化学结构的损害是轻微的。

连二亚硫酸钠水溶液为中性，其作用原理是还原出土后因空气中氧气的作用而改变了结构的一些化学基团，并使之溶于水。因此，其本身的作用只是恢复了竹简深埋地下时的化学结构，不会对竹简产生副作用。

过氧化氢对竹简化学结构中导致颜色发黑的结构产生破坏作用，使之变成可溶于水的结构，由此达到目的。但过氧化氢的氧化作用很广泛，对那些与竹简颜色变化无关的化学结构也有一定的破坏。过氧化氢因此在竹简脱色中的作用较为有限，一般用于脱色试验中的对比研究。

2）字迹清晰

这是竹简脱色的基本要求。竹简竹面颜色刚刚出土时很浅，即使后来变深，都可通过脱色而改变。但有些情况下字迹不可能清晰，如：墨迹本身散淡、竹简已成丝状。这可通过红外释读仪及采取黏合修复的措施来提高清晰度。

3）无残留

用于脱色的各种化学试剂在脱色完成后应彻底清除。草酸、连二亚硫酸钠（反应后产物）等都是可溶于水的，它们比较容易从竹简中清除。

4）脱色后的相对稳定性

因摄影、释文和脱水的需要，脱色后的竹简颜色需要保持较长时间的稳定。

竹简经过脱色后存在返色现象。从根本上来看，竹简脱色后的返色是因为竹简中存在的木质素降解产物位移和增加造成的。当竹简与氧气接触不完全和脱色不彻底时，木素降解产物中的无色发色基团将从竹简的内部向表面位移，与氧气反应后生成深色物质而导致返色。由于竹简在地下的以千年计的化学降解，生成很多的中间降解产物，虽然脱色时深色物质已被除去，但随着时间的推移，在自然保存条件下仍有导致竹简颜色变深的化学基团生成，因此，竹简的颜色也就不可避免地加深。

使用乙醇—乙醚—填充物方法脱水，对竹简颜色的要求不高。使用乙二醛冷冻升华法脱水时对竹简的颜色要求略高一些。

第二节　脱水原理及技术要求

长沙走马楼竹简脱色、脱水将经历一个较长的时间。在脱色之前，须在目前技术条件下予以保存，继续使用目前的防腐剂，并保持目前观察、换水的技术标准。

构成竹材的化学成分为纤维素、木质素、半纤维素及单宁等。在漫长的地下浸泡过程中，构成竹简的各主要化学成分经历了千年计的降解过程。根据直观，走马楼竹简中相当一部分制作比较粗糙且腐朽严重，机械强度很低。中国制浆造纸工业研究所显微分析室的检测结果也表明了这一点。这是此批竹简脱水时必须考虑的重要因素。

目前饱水竹简脱水方法很多，如：乙二醛法、冷冻升华法、乙醇—乙醚连浸法以及由此而衍生出的各种方法。无论应用何种方法对竹简进行脱水都应符合如下要求：

1）字迹清晰

这是作为竹简脱水处理与其他漆木竹器脱水处理的重要区别。唯有如此才能为以后长期的古文字研究提供最真实的实物资料。这就要求竹简脱水后竹材底色浅，能充分衬托墨迹。

2）低收缩率

一般而言，竹简脱水后的收缩率应在5%之内，最好能达到3%之内。这样，竹简上的文字就不会变形，不会发生因变形而产生的辨识的错误和困难。

3）长期稳定

无论脱水时选用何种材料填充，都应具有良好的耐候性。即使不使用任何填充材料，也要尽可能保证脱水后竹材的稳定。

4）方法可逆

科学的发展永无止境，竹简脱水方法的发展也是如此。一个好的脱水方法必须为未来的重新处理留有余地。

乙二醛法作为近二十年来我国饱水漆木竹器脱水的主要方法已得到深

入发展。该方法最大的优点是适应性广，并具有很好的可逆性，成本相对而言也较低。乙二醛含有两个醛基，对于含有羟基或胺基的多官能团化合物具有化学活性，可与饱水竹简的木素降解产物发生加成反应和缩合反应。但竹简因其上的文字而对竹简的底色要求很高，走马楼竹简底色过深，腐朽严重，用乙二醛法会有一定的局限。当然部分竹简经过脱色处理后，其颜色符合使用乙二醛脱水的要求。

冷冻升华法在于改变水的物理状态。利用冰的升华来达到器物脱水的目的。这一方法尤其是真空冷冻升华法在欧洲、加拿大、美国等发达国家被深入研究过。联合使用乙二醛法与真空冷冻升华法可在一定程度上解决竹简脱水时颜色偏深的情况。

乙醇—乙醚连浸法是利用水与醇和醇与醚在常温条件下无限互溶，且醚为非极性有机溶剂，常温下易挥发等特性而达到饱水漆器中水分被乙醚彻底置换，乙醚再挥发的脱水效果。可在乙醚中添加适当的有机材料来作为脱水后保存于竹简中的填充材料，这类填充材料要求能保存长久，具有较好的耐候性，对竹简无副作用。

醇—醚连浸法与自然干燥法具有相同点是，脱水后竹简内无化学试剂残留。这对器物的长久保存比较有利。脱水后的竹简质轻，但较脆，略显苍白，收缩较大。使用适当的填充材料，如：乳香胶、十六醇等，可有效解决其不足，达到竹简脱水后重量轻，有一定弹性，颜色偏白且柔和。

走马楼竹简可选用改进了的乙醇—乙醚连浸法和乙二醛法及乙二醛真空冷冻升华法。

第六章　竹简脱水前的防霉措施及技术要求

吴简由于数量巨大，对其脱水只能逐年进行。未脱水之前存放在盛满药水的医用搪瓷盘内，并用塑料袋封口，实施多级防霉。

对防霉剂的选用既要考虑所针对的霉菌种类和影响防霉剂效果的各种因素，更要考虑文物对防霉剂的要求。通过各种防霉灭菌剂的对比选择，寻找出适合所针对文物的系列方法和药剂。

现代化工农业、医疗和生物用防霉剂种类很多，但并不都适用于饱水竹木漆器的防霉和灭菌，针对竹木漆器的特点，对防霉灭菌剂应具有以下几点要求：

①不污染器物，无色，低残留，环保；

②对竹木漆器无腐蚀性和不良反应，ph 值接近中性；

③杀菌谱广；

④高效、使用浓度低，易溶于水；

⑤常温下使用，作用速度快；

⑥性质稳定，挥发性小，长效；

⑦毒性低，便于操作和运输；

⑧不影响以后的保护处理；

⑨价格便宜，货源充足。

任何一种防霉灭菌剂，除了要求具有良好的防霉、灭菌效果外，还要求不能对保护对象竹简、漆器、木器产生破坏。

北京大学考古文博学院胡东波先生（文物保护学博士），对长沙三国吴简选用的防霉剂做过深入的研究和科学试验。研究总体目的是通过试验寻找出适合饱水竹简长期保存的措施和防腐、杀菌剂。对这类文物长期饱水保存的基本构想是：首先用物理方法清洗和去除大部分的霉菌和附着物，再用杀菌剂杀灭清洗后的文物表面的霉菌，使文物带菌量达到最小，然后再放到长效防腐剂中长期保存。在实验室所做的试验部分包括杀菌剂的选择、防腐剂的选择和这些药剂对文物的影响三个方面。为了了解防霉剂对竹简和漆膜的影响，实验中将竹简和漆膜分别浸泡在相应比例的防霉灭菌剂中，其结果见下表：

序号	防霉灭菌剂名称	材 料					
		竹 简			漆 膜		
		浸泡时间	颜色变化	强度变化	浸泡时间	颜色变化	强度变化
1	异噻唑啉酮0.5%	315d	不明显	不明显	200d	无	无
2	异噻唑啉酮0.25%	315d	不明显	不明显	200d	无	无
3	过氧乙酸0.5%	24h	变浅	减弱			
4	过氧乙酸1%	24h	变浅	减弱			
5	戊二醛2%	24h	无	无			
6	霉敌	200d	无	无	200d	无	无
7	硫酸铜	200d	无	无	200d	无	无
8	新洁尔灭	200d	无	无	200d	无	无
9	菌毒清	200d	无	无	200d	无	无

从表中可以看出，过氧乙酸由于具有较强的酸性和氧化性，使竹简在24小时中即发生了褪色，强度严重减弱；异噻唑啉酮在浸泡竹简近300天后，除溶液有些发黄外，竹简颜色和强度未发现明显变化，对漆膜未产生任何影响；戊二醛在24小时中未对竹简的颜色和强度产生影响，但较长时间后自身发生聚合，出现沉淀；霉敌、硫酸铜、新洁尔灭和菌毒清200天后，未对竹简和漆膜产生任何影响。现在，这几种防霉剂已经浸泡竹简超过一年，没有发生任何变化。

试验表明，霉敌、新洁尔灭、菌毒清、异噻唑啉酮和硫酸铜都是很好的浸水竹简防腐保存剂。

从几种防霉、灭菌剂的固体、液体培养基防霉效果和对竹简及漆膜的影响试验看，菌毒清、霉敌、新洁尔灭和异噻唑啉酮四种防霉灭菌剂，杀灭、抑制霉菌的生长繁殖效果显著，有效期长，对文物安全，用量少，产品易得，对水中的霉菌和细菌有很好的抑制和杀灭作用，均可以作为饱水竹简和漆木器的杀菌、防腐用剂。

新洁尔灭是阳离子表面活性剂类杀菌剂，这类杀菌剂对于革兰氏阴性菌的作用较差。在侵蚀走马楼竹简的微生物中，其中一种有害的副球菌属（*Paracoccus* sp.）微生物就是革兰氏阴性菌，所以在有必要时，可以考虑与其他防霉剂混合或交替使用，如异噻唑啉酮，异噻唑啉酮是可以与阳离子表面活性剂混合使用的杀菌剂。

使用了霉敌、新洁尔灭两种药剂，从目前情况来看，情况良好，达到了保护的基本目的。异噻唑啉酮原液是对人皮肤有腐蚀性的液体，宜在文物保管所在地购买。

湖南师范大学生物研究所《长沙三国竹简蚀斑病研究报告》进一步确定病原菌是细菌，根据实验结果，结合竹简保存现状，提出防治措施：

①适当提高新洁尔灭浓度（0.2% ~ 0.3%）。

②在提高新洁尔灭浓度仍无效的情况下，可考虑使用巴氏灭菌。

③如有条件，应将竹简保存在干燥低温的库房内（4℃ ~ 5℃）。

第七章　　出土竹简脱色、脱水技术步骤

第一节　　竹简脱色操作技术步骤

1. 拆线与编号

因为走马楼竹简比较糟朽，此项工作必须由具有丰富竹简工作经验的人员进行，切忌急躁，拆线后还须保存原有竹简顺序。

2. 脱色

在特定的条件下有针对性地使用各种有效方法来对长沙走马楼竹简进行脱色处理，使之表面呈现出浅黄色，字迹比较清晰。

1）预处理

由于走马楼竹简保存于大量的铁化合物环境中，故铁离子对其颜色反应有重大影响。铁离子可作为催化剂，对多元酚的有关反应产生重要影响。作用如下：

$$Fe^{2+} + O_2 （空气）\rightarrow Fe^{3+}$$

$$Fe^{3+} + 多元酚\rightarrow 氧化了的多元酚 + Fe^{2+}$$

即使是看起来很洁净的竹简，其表面的不平处仍有小点污泥。这些污泥小点中含有大量的金属化合物，它们处于离解状态的金属离子会对竹简的颜色造成不利影响。

加入 DTPA（二乙烯三胺五乙酸五钠一般也用此简称）后 Mn^{2+} 离子和 Cu^{2+} 离子下降很多，可提高脱色效率。DTPA 浓度的提高有助于金属离子的去除，但其浓度超过一定限度（0.5%）其作用就有限了。而 EDTA 对上述两种离子的作用很小。但走马楼竹简中这两种离子的浓度极低。

当 Fe^{2+} 含量较高时，使用 STPP（三聚磷酸钠）对其进行络合处理。EDTA 在一定程度上可清除铁离子的影响。这正是走马楼竹简脱色时需要注意的。

通过更换蒸馏水，将有害的金属离子排除，使其浓度降低到无法对脱色过程发生影响。虽然氰根（CN—）是特别好的配位体，但由于其毒性太大，故在此不予采用。脱色使用连二亚硫酸钠脱色时的各种条件需相互匹配。

pH 值的控制：这关系到脱色溶液的稳定性和脱色的效果，使用 $Na_2S_2O_4$ 时，pH 值的范围应在 7 附近。在脱色过程中，若不采取特别措施，溶液 pH 会不断下降，当溶液 pH 值低于 5.5 时，$Na_2S_2O_4$ 将分解产生 H_2S，污染环境。反应式：

$$2S_2O_4^{2-} + H^+ + H_2O\rightarrow Sa + 3HSO_3^-$$

$$Sa + S_2O_4{}^{2-} + 2H_2O \rightarrow 2HSO_3{}^- + H_2S$$

Sa—非胶体的活性硫。

添加适量的添加剂可明显改善脱色效果。

2）可能出现的问题及对策

从目前的实验情况看，经过前述步骤处理的走马楼空白竹简效果较好，尚无例外。但走马楼竹简数量庞大，仍有可能存在极少数竹简在经过前面步骤处理后效果仍然很差，此时可通过红外释读仪来获取古文字信息。

3）脱色效果的保持

由于决定竹简颜色的原因在于竹简化学结构中的纤维素、木质素、半纤维素降解产生的发色基团，且紫外线的照射（见反应式）和部分金属离子会加速颜色反应的发生，因此，竹简脱色后必然存在返色现象。如何减轻竹简脱色后的返色程度，推迟竹简发生明显返色的时间，是我们工作中应努力做到的。控制脱色的工艺条件，添加助剂可在长时间内有效地保持竹简的脱色效果。

4）照相

5）漂洗

为消除脱色过程中残留于竹简中的化学试剂。避免残留物对竹简长期保存造成不利影响，用蒸馏水将已照相的竹简充分浸泡。

6）重新包装或进入脱水工序

细心与保持号码顺序极其重要。

处理之后可开始古文字研究和照相。

整个脱色工作将采取流水作业的方式，操作程序如下：

①拆线编号→②脱色前浸洗→③化学脱色→④清洗→⑤照相→⑥漂洗→⑦核对编号，重新包扎→⑧等待进入脱水工序

正常情况下，1万支简的脱色和照相工作可在两个半月内完成。配合文字整理和照相，14万支竹简脱色需 5～6 年的时间。

脱色的效果：主要是使照片清晰，接近荆门郭店竹简的出版效果。通过肉眼竹简上的文字清晰可辨。

第二节　竹简脱水操作技术步骤

1. 清洗

因竹简在显色时已经过清洗，脱水前仅需用蒸馏水浸泡即可。

2. 脱水

乙醇—乙醚—填充物法：一般采取从低浓度向高浓度渐进的方法。首先用20％的乙醇溶液浸泡饱水漆器，再向溶液中逐步添加乙醇，一般每次以提高20％为宜。每次间隔时间视竹简长短和厚度、温度等而定。当乙醇浓度达到80％时，就用100％乙醇浸泡竹简（若不用乙醚浸泡步骤，就可以在100％乙醇浸泡充分后加入填充材料）。之后，向前述溶液加入乙醚，第一次浓度为20％，以后每次增加乙醚浓度20％，同样时间间隔视竹简长短和厚度、温度等而定。当乙醚浓度为80％时，将器物置于100％乙醚中浸泡，同时加入填充材料。之后将竹简取出，置于充满乙醚气体的干燥箱内，在常温下，根据需要做适当的表面处理。使用十六醇法时，可省去乙醚浸泡步骤。

填充材料可选用十六醇等。

3. 定型稳定

为了保证竹简的形状和尺寸稳定，必须将竹简用玻璃条固定3～6月，最好长期固定。

对于14万支竹简而言，所需的脱水时间约7～8年。

第三节　可能存在的问题与对策

走马楼竹简在古井中经历了极为复杂的化学变化，其显色难度大于墓葬中的竹简。有时会有一些预想不到的情况出现。

由于少量的竹简在当时的制作过程中就存在缺陷，如：竹质较差，未经火烤，墨书文字黏附力很差，简的外表可能经桐油涂刷等。它们的显色难度相对较大。这些竹简即使竹面显色效果很好，但由于其未经火烤，墨迹因此而分散变淡，仅凭肉眼还是难以观察清楚，照相效果亦不佳，建议对这类少量竹简辅之以红外释读仪。

脱水过程中，针对各种情况，将灵活调整试剂种类、浓度，以保证脱水工作的成功。

第四节　长沙走马楼竹简脱水后的长期保护

脱水后的后期保管很重要，要保证竹简长时间不变形，脱水后的后期保管就很重要。主要是通过包装来控制形状，有了半年的稳定期，竹简形状也就稳定下来了。

脱水后的竹简做如下包装：先做双层有机玻璃板，上层为 3 毫米厚，底层为 5 毫米厚。根据每根竹简的形状，在底层有机玻璃板上开槽，在槽内放入已脱水了的竹简，然后封装上层有机玻璃板。每板装十根竹简。每两板放入一个囊匣中，囊匣再存放于专用的文物柜中。简牍库房内的温度最好在 $10\,^{\circ}\!\text{C} \sim 30\,^{\circ}\!\text{C}$，相对湿度最好在 $50\% \sim 65\%$ 为宜。库房要有长期的工作记录。

用于陈列展览的竹简，照射用的光源须作防紫外线处理，避免紫外线的强降解作用，保证竹简的稳定。条件许可的话，陈列室的温湿度控制应达到库房的技术标准，否则须对竹简进行全密封包装后才能展出。

竹简因异地展览而需运输时，要特别注意防潮防高温。

第五节　走马楼竹简的防虫防霉

无论是库房还是陈列室中的竹简，都要注意防虫防霉。选用合适的防虫防霉剂以确保竹简的长期保存。

当竹简经脱水并完成包装后，将继续使用适当的防霉剂以保证其长期保存。

在未脱色、脱水之前的保管阶段，走马楼竹简早期曾发生霉菌侵害。湖南省师范大学生物系真菌研究室、北京大学考古文博学院对此进行了分析，从提供的样品中共分析出：立枯丝核菌（*Rhizoctonia Solani Kuhn*）、拟青霉（*Paecilomyces* sp.）、副球菌属（*Paracoccus* sp.）、桔青霉（*Penicillium Citrinum Thom*）、黄曲霉（*Aspergillus Flavus Link*）、黑曲霉（*Aspergillus Niger Van Tieghem*）等真菌，另有两种真菌因未观察到生殖阶段而无法鉴定。后来更是发生突然的竹简"蚀斑病"，这种病菌具有分解竹简木质素的能力，因其发展迅速对竹简的保存形成很大威胁。经胡东波博士研究，发现几种防霉剂对上述霉菌具有很好的控制效果，即：霉菌清、霉敌、新洁尔灭和异噻唑啉酮。这四种防霉灭菌剂具有用量少、对文物安全、产品易购、经济、有效期长等优点。湖南师范大学生物研究所实验的结果，亦赞成首选新洁尔灭等药物灭菌。目前，使用新洁尔灭保存泡于水中的走马楼竹简效果良好。

当竹简经脱水并完成包装后，将继续使用适当的防霉剂以保证竹简的长期保存。

第八章　主要技术特点

第一节　主要技术特点

因竹简出土地的特殊性，竹简的脱色和脱水技术是在我国产生和发展的。走马楼竹简化学处理方案是在广大文物保护工作者几十年不懈探索的基础上而逐步完善的。

在竹简的化学处理过程中，首先要做的是进行适当的预处理，清除饱水竹简中的对脱色影响较大的金属离子和附着物。使用现代分析手段，对竹简化学成分、颜色的长期变化、墨迹保存状况等进行较为详细的研究。对竹简脱水前后保存过程中的霉菌危害和虫害进行研究，并予以有效防治。

对竹简用连二亚硫酸钠法和草酸法进行脱色处理。使用乙醇—乙醚连浸法，使用十六醇作为填充材料。

因长沙走马楼竹简的化学处理将长达十年时间，而技术在不断发展，所以走马楼竹简脱色和脱水的研究与应用工作也会与时俱进，不断地改进、提高、完善。

第二节　有关知识产权问题

本项目的实施将进一步推动长沙三国吴简保护整理工作的顺利开展，进而形成自然科学与社会科学良性互动、同步发展的良好态势。长沙三国吴简的保护整理工作是属于国家专项投入的社会公益性事业，为保证该项目中文物科保技术领先地位，达到各种资源的优化整合，合理配置，取得最大的社会效益。对其核心技术的使用权限及推广应用的转换形式，由国家文物局负责裁决。

第九章　实验室的建立、设备、人员培训

1. 专项实验工作

走马楼竹简的保护工作不仅要进行大量的脱色、脱水研究，还要进行大量的其他与竹简相关的研究，为正在进行的和今后的竹简保护研究提供比较完整的参考资料，进一步改进和提高保护技术与科研水平。

1）竹简保存环境的研究

包括井水和泥土的化学成分，井水的酸碱度，地下水位的历史变迁。

2）竹简材质状况

包括竹材的种类鉴定，竹材现阶段的纤维素、木质素等各主要成分的构成，饱水竹简的电子显微分析。

3）颜色变化

使用高分辨率色差仪，对用不同方法脱色、脱水工作过程中的竹质颜色变化进行连续跟踪检测，对脱水后保存于库房中的竹简进行颜色检测，对陈列室中的竹简进行颜色检测。

4）墨迹分析

分析竹简上墨迹的成分，使用电子显微镜显示墨迹颗粒分布状况。

5）机械强度实验

对竹简在多种状态下（饱水状态、不同方法脱色脱水后、库房存放、陈列）的机械强度进行定性或定量测试，若进行破坏性实验，则可选无字简做样品。

2. 实验室设备配置

竹简的脱色、脱水及防虫防霉，都必须要有技术人员、场地、设备等。所用基本设备都将列入后面的预算表中。按照 400 平方米的实验室规模配置基本办公用品，按照保护简牍、漆木器、青铜器等文物的要求配置基本的实验设备。

3. 人员培训

为保护好这批珍贵的简牍，在前期的保护工作中已培养了一批有事业心的技术骨干。今后仍需他们的艰苦努力，并进一步掌握竹简脱色、脱水的操作工序。

第十章　总体工作及目标

1. 保护工作目前进展情况

1997年5月，国家文物局在长沙主持召开吴简保护整理方案专家论证会，同时成立了长沙走马楼三国吴简保护整理工作领导小组。国家文物局局长张文彬同志担任组长，中共湖南省委常委、宣传部长文选德、省委常委、长沙市委书记秦光荣、湖南省副省长唐之享等同志担任副组长，领导小组下设总体方案制定组、整理组和保护组，立即着手开展有关工作。

走马楼吴简的保护工作取得了显著成果。保护组由中国文物研究所文物保护专家胡继高先生担任组长。人员组成情况如下：

组　　长：胡继高

成　　员：肖静华、胡冬成、张竹青、赵桂芳（中国文物研究所）

1997年在长沙举办为期12天的"吴简保护清理培训班"，共招收12名经过精心挑选的具有高中文化程度以上的应届毕业生参加培训。中国文物研究所胡继高先生、赵桂芳先生担任指导和辅导工作，国家文物局特委派科技处刁道胜同志随班指导。截至2002年5月，长沙市文物考古研究所已全部完成简牍的清洗任务清洗出简牍14万余枚，其中因建设破坏而扰乱的简牍71225枚，抢救发掘的简牍68000余枚。五年来简牍清理工作人员放弃大部分的节假日休息，不间断工作，提前两年完成吴简清洗任务，消除了简牍因长期在污泥中浸泡、受霉菌腐蚀的隐患。同时成功揭剥出一批内容连续、编连顺序清晰、较为完整的简册，为今后的整理工作打下了良好的基础。

目前简牍暂存在长沙市博物馆的地下简易库房内。为了符合简牍保护的要求，已经对库房进行了局部的改造，增添了空调，安装了紫外灭菌灯，并有专人负责保管，定期检查，更换药水，简牍保存条件得到较大改善。对目前尚未进行脱水处理的简牍的保存环境温度基本控制在 25℃左右。

1998 年 9 月，浸泡在蒸馏水中的简牍发生"M"霉菌侵蚀（又称竹简蚀斑病），北京大学考古文博学院胡东波先生前后两次来长沙，现场指导保护工作。根据南方气候环境因素及文物库房保管条件等实际情况，经过反复实验，筛选出最佳有效的防霉药品。经选用"霉敌"和新洁尔灭药物后，目前已有效地控制了病菌对简牍的侵蚀，防止了大批简牍可能发生的病变和损害。

2001 年 9 月，长沙市文物考古研究所与湖南师范大学生物研究所真菌应用研究室合作，进一步开展竹简蚀斑病的探源防治工作，通过分离培养、接种、抑菌等实验，已初步确认竹简蚀斑病是由细菌引起的，提出了可继续使用新洁尔灭及巴氏灭菌、改善库房环境、低温抑菌等有效的防治方法。

已脱水的 2141 枚大木简均已装入囊匣保存，暂存在一般库房内，采用去湿机及药物缺氧防霉。

为了更好地保护、研究、展示走马楼三国吴简，发挥博物馆的教育功能，长沙市政府已将长沙简牍保护研究中心列为全市的重点工程，工程立项已经湖南省计委批准并得到国家计委的同意。2001 年 6 月已正式破土动工，计划于 2002 年 12 月完成布展并对外开放。

2. 2002～2012 年工作目标

①完成对简牍的日常保护、管理、防霉、防腐、防火等工作。抓紧对竹简脱色、脱水前的保护。

②力争在 2012 年完成全部出土简牍的脱水、脱色保护任务。通过项目招标等方式，尽快确定脱色、脱水保护的最佳技术方案，先做试验，取得成功经验后全面推开。

③中期目标是：与三国吴简 10 卷本的照相、整理、出版相配合，2006 年完成 6 万枚简牍的脱色、脱水保护任务。

第十一章　经费管理与经费预算

1. 经费管理

本项目由国家文物局归口管理，采取以下管理措施：

①根据实际情况，对原由国家文物局、湖南省、长沙市组成的"长沙三国吴简保护整理领导小组"及下设机构的成员进行调整补充。

②领导小组下设办公室，负责审查保护整理工作进展情况和经费使用情况，定期听取汇报，部署并协调工作，协调相关工作（办公室设在国家文物局博物馆司）。

③长沙市文物考古研究所、长沙简牍博物馆（筹）是该工作项目的具体实施者，既受吴简整理小组、保护小组的业务指导，同时又根据总体工作目标制订年度计划，组织协调各组工作，实施目标管理。管理使用保护整理项目经费。

④该项目的具体实施者接受国家文物局、省、市文化、文物管理部门的检查、监督、指导，定期向领导小组办公室、专家组汇报计划执行情况，贯彻领导小组的决定。

2. 经费预算

略

附件五　国家文物局关于走马楼三国吴简保护修复方案的批复

国 家 文 物 局

文物博函[2004]443 号

关于《长沙走马楼三国简牍保护整理项目总体方案》、《湘西里耶秦简科技保护实施方案》的批复

湖南省文物局：

你局《长沙走马楼三国简牍保护整理项目总体方案》（湘文物报[2004]13 号）和《湘西里耶秦简科技保护实施方案》（湘文物报[2003]47 号）收悉。经研究，我局同意所报方案，核定 2004 年度经费预算总额 1000 万元。项目经费分配如下：

一、长沙走马楼三国简牍保护整理项目经费 700 万元，其中，技术保护经费 450 万元、整理经费 120 万元、出版经费 80 万元、资料管理信息化经费 50 万元。

二、湘西里耶秦简科技保护项目 300 万元，其中，技术保护经费 120 万元、整理经费 80 万元、出版经费 50 万元、资料管理信息化经费 50 万元。

此复。

二〇〇四年四月二日

抄送：本局预算处、财务处，局科研课题管理办公室，湖南省文物考古研究所，长沙简牍博物馆。

国家文物局办公室秘书处　　　　　　　　　　　2004 年 4 月 6 日印发

初校：罗　丽　　　终校：刁道胜

《长沙走马楼三国简牍保护整理项目》验收意见

2015 年 11 月 27 日，湖南省文物局在长沙简牍博物馆组织召开了《长沙走马楼三国简牍保护整理项目》验收会。专家组听取了项目单位的结项报告，现场考察了保护修复后的文物和整理出版成果，经过质询讨论，形成验收意见如下：

一、该项目按照国家文物局所批准的方案，完成了《长沙走马楼三国简牍保护整理项目》的工作，揭剥清洗简牍 10 万余枚，脱色、拍照、脱水修复有字简牍 7.6 万余枚。整理简牍文献资料 11 卷，200 余万字，已出版 7 卷；中外学界据此发表相关论文 600 余篇，出版研究专著、论文集 23 部。

二、项目保护工作实施技术路线合理，使用的保护材料符合要求，工艺成熟，保护修复效果良好，提交的保护修复报告和档案规范，资料齐全。

三、项目整理工作中，各项记录收集保存完整。提取简牍信息较为详尽，揭取记录与揭剥图的绘制为简牍册书复原、系统研究提供了一个重要的平台。项目实施采取委托、分组、自主等多种整理方式，有效地推进了简牍文献出版进度，在项目进行过程中培养了一批人才。

四、该项目工作目标明确，重点突出，流程合理，管理创新，注重质量，成效显著，完成了项目任务书约定的任务，达到了预期目标。

五、经费使用合理。

同意通过结项验收。

建议：应注重该批文物保存环境的控制，研究耐老化包装材料，加快预防性保护措施的实施。

专家签字

组长：（签名）　　　　副组长：（签名）

组员：（签名）　（签名）　（签名）

（签名）　（签名）

（签名）　　（签名）　（签名）

（签名）

2015 年 11 月 27 日

后　记

　　《走马楼三国吴简保护修复报告》是由国家文物局组织编写的几部文物保护修复报告之一。报告编写工作从 2009 年 3 月开始，待 2015 年 11 月走马楼吴简保护项目通过湖南省文物局组织的专家验收后，于 2016 年 10 月最终完成。

　　《走马楼三国吴简保护修复报告》由方北松、宋少华、金平、胡东波（北京大学考古文博学院教授）、李鄂权、童华（武汉大学教授）编写。具体分工如下：

　　第一章　宋少华　第二章　胡东波　第三章　金　平

　　第四章　方北松　第五章　方北松　第六章　方北松

　　第七章　金　平　第八章　宋少华　第九章　李鄂权　童　华

　　感谢在本书的编写过程中，有关专家及国家文物局领导给予编写工作的大力支持与指导。

　　走马楼三国吴简保护修复工作历时 15 年，保护工作量大而艰巨，整个三国吴简保护工作由胡继高先生主持，从 2003 年竹简脱色开始，由方北松负责保护修复技术指导及项目实施工作，至 2010 年完成全部有字简的清洗、脱色、脱水和包装工作。在三国吴简保护过程中，宋少华、李鄂权、吴顺清、赵桂芳、胡东波、肖静华、金平等参与其中，大家都付出了极其艰辛的劳动，更多的是近 20 位技工日复一日的操劳，此外还有王丹华、陆寿麟、陈中行等文物保护专家给予了保护修复工作多方面的指导，在此一并致谢。

《走马楼三国吴简保护修复报告》编写组

2016 年 11 月